Ce que je crois, je le deviens

LÉON ROBICHAUD

Ce que je crois, je le deviens

Sortir de ses dysfonctions

BÉLIVEAU
éditeur

Réalisation de la couverture:
Christian Campana — *www.christiancampana.com*

Dépôt légal: 4e trimestre 2016
Bibliothèque et Archives nationales du Québec
Bibliothèque et Archives Canada

ISBN: 978-2-89092-823-7
ISBN Epub: 978-2-89092-824-4

BÉLIVEAU éditeur
567, rue de Bienville
Boucherville (Québec) Canada J4B 2Z5
450 679-1933

www.beliveauediteur.com
admin@beliveauediteur.com

Gouvernement du Québec – Programme de crédit d'impôt pour l'édition de livres – Gestion SODEC – www.sodec.gouv.qc.ca.

Nous reconnaissons l'aide financière du gouvernement du Canada par l'entremise du Fonds du livre du Canada pour nos activités d'édition.

IMPRIMÉ AU CANADA

Pour voir clair dans ses dysfonctions :
colère, inquiétude, insuccès, intolérance,
jalousie, toxicomanie, apitoiement,
deuil, ressentiment, etc.

Pour retrouver l'estime de soi,
pour sortir de sa culpabilité
et de ses peurs.

TABLE DES MATIÈRES

PRÉFACE 11
TÉMOIGNAGE 15
INTRODUCTION 17

Gens méchants 19
L'esprit humain 19
Qu'est-ce que l'émotion? 19
La force de nos pensées 20
Des êtres malheureux 21
Changeons nos idées 22
Arrêtons de nous condamner - Si le grain ne meurt pas - Ne pas dépendre des autres pour être heureux - Un mariage sans bonheur - La cause des séparations
C'est quoi l'image de soi ? 29
Développement de l'image mentale 30
Avoir une meilleure image de soi 30
Une sage estime de soi 31
Les dysfonctions 31
Les types de comportement 32
Le principe 32

Ne jamais oublier 33
La couleur de vos lunettes 34
Liste des sentiments possibles
Les émotions/Les habitudes 36
La colère - Le ressentiment - L'apitoiement - La critique négative - L'inquiétude - L'intolérance - L'insuccès - La jalousie - La nourriture - L'alcool - La cigarette - Avoir raison à tout prix - La vérité - L'ivresse mentale - Le burn-out - Le burn-out conjugal
Le deuil existentiel 44
N'ayez pas peur 44
Le goût de revivre 46
Une bonne façon de vivre heureux - La haine crée des liens aussi forts que l'amour - Le vide intérieur - La Règle d'or - Le bien que l'on fait nous revient - Donner, c'est recevoir - Renoncer à ses pensées négatives - Seul compte le moment présent - La vie a-t-elle un but? - 31 pensées constructives
Les dix commandements de la guérison 55
Ne te laisse pas duper 55
Suis-je honnête avec moi-même? 58
La dysfonction: source de nos malaises 59
La peur de dire «non» 60
Cinq portraits dysfonctionnels 61
Le sauveur - L'obséquieux - Le martyre - Le travaillleur acharné - Le perfectionniste
Les faiblesses du dysfonctionnel 64
Les attentes - L'anxiété - La dépendance - Le dépannage - L'hypersensibilité - L'impulsivité - L'isolement - Le perfectionnisme - Les pensées illusoires - La grandeur - La tolérance

D'où vient la dysfonction? 69

La culpabilité: une émotion meurtrière 70

Nos vétérans - Les animaux ne se sentent pas coupables - Qu'est-ce que la culpabilité? - Regard théologique - Le Roi David, cet assassin - Dieu libère - Approche psychologique: *couper la racine, une force supérieure, éviter la punition, le pardon* - Les deux perspectives - Une meilleure compréhension - Désordres psychologiques - Problème majeur - La culpabilité a des alliés - Changements d'humeur - La négation - Morbide ou saine - Spirituelle autant que psychologique - Culpabilité réelle - Culpabilité apprise - D'où vient-elle? - Une histoire - Culpabilité et dysfonction - Victime de conspiration - Messages dysfonctionnels - Se désensibiliser - Distinguer la culpabilité du passé - Les transmissions - L'autoculpabilité - Processus de culpabilisation - Amour et culpabilité - La pensée et la culpabilité - Exemples de culpabilité - Névrose et culpabilité - Névrose d'angoisse et de culpabilité - Manifestations graduelles des sentiments dus à l'angoisse et à la culpabilité - Culpabilité et sens du péché - Pensées pour éliminer sa culpabilité - Affirmations concernant la culpabilité - Sortir de sa culpabilité - Une meilleure estime de soi - Cesser de poser des actes qui me dérangent - Attitudes destructrices de soi-même - Amour de Dieu et culpabilité - Relations humaines et culpabilité - Amitié et culpabilité - Les gens aux émotions désagréables - Tout est dans la manière, non dans la matière - Ne jamais alimenter l'offenseur - Comprendre - L'importance de s'affirmer - Approche nouvelle de la culpabilité - Ne pas dramatiser - Minimiser n'est pas la solution - S'en tenir à la réalité - Ne pas croire ce que l'on pense

La grande peur noire 114

La peur et les médias - Les religions ont aussi leur responsabilité - L'amour, non la peur - Une paix impossible - La peur de soi - Les frontières d'un nouvel ordre social - Faire confiance à la nature - Nos cliniques de la peur - Faire le voyage intérieur - Le reflet de mon intérieur - Ressentir est bien

Conseils aux accompagnateurs 125

Règles d'or pour demeurer un aidant efficace sans se brûler 127

Lâcher prise, c'est devenir libre ! 129

Lâcher prise conduit à la paix 132

Processus de pacification

CONCLUSION 135

PRÉFACE

« Les idées présentées dans ce livre découlent de mon contact quotidien avec des gens intéressés à sortir de leurs dysfonctions. »

L'auteur nous exhorte à lire ce livre comme une prière pour convertir nos dysfonctions en une expérience spirituelle.

Émotions et dysfonctions constituent les deux piliers sur lesquels l'auteur tente d'asseoir le cortège des autres sentiments et des comportements déviants.

Il définit l'émotion comme la conséquence d'une résistance à quelque chose ou à quelqu'un. Il rejoint par là un des grands explorateurs de l'univers des émotions et des actions, Pierre Janet, qui, au début du XIXe siècle, avait déjà défini l'émotion comme « l'insuffisance systématique de l'action pour réagir à la circonstance provocatrice ». Alors que l'émotivité (ou la dysfonction) était interprétée par cet éminent psychologue comme « une tendance à remplacer les opérations supérieures par l'exagération des opérations inférieures ».

C'est avec une étonnante facilité que l'auteur-prêtre nous guide à travers les méandres du labyrinthe des émotions et des habitudes, en partant de la colère jusqu'au burn-out conjugal, en ayant comme fil conducteur la prière et le pardon.

Pour notre grande consolation, il nous offre comme soulagement thérapeutique, au-delà de l'approche classique, biopsychosociale, un retour à l'origine divine de notre essence.

En effet, Léon Robichaud, inspiré par son côtoiement des vétérans malades, dont la plupart plient sous le poids des remords et des regrets, attire leurs regards inquiets vers le plus grand des thérapeutes, Jésus notre Sauveur, pour implorer son pardon. En fait, cette dimension spirituelle, qui manque souvent dans notre *armamentarium* psychiatrique, M. Robichaud nous invite à l'intégrer à notre palette psychothérapeutique pour avoir une approche holistique, au vrai sens du terme.

Nous sommes d'accord avec Walter Barton qui disait que «le jargon psychiatrique ne peut pas étancher la soif de l'homme qui veut donner un sens à la vie». Il refusait également que la psychothérapie remplace le confessionnal, le pardon et la réconciliation.

Non seulement Léon Robichaud s'est penché sur les douleurs des malades, mais il a essayé de pénétrer dans le for intérieur tourmenté de ces vétérans de guerre, dont la plupart souffrent de pertes et de brisures avec, comme conséquence, un deuil ou une dépression chronique.

Quelle prescription propose-t-il? «Beaucoup plus que des médicaments, ils ont besoin de conseillers qui puissent les aider à sortir de leur sentiment morbide de culpabilité et les aider à pardonner.»

Honte et culpabilité, ces deux sentiments «jumeaux», reviennent souvent sous la plume de l'écrivain. La culpabilité nous ronge par l'intérieur, nous diminue à nos propres yeux, alors que la honte nous flagelle par l'extérieur, nous humilie aux yeux des autres.

Pour ces deux malfaiteurs, le pardon de soi et des autres est proposé, entre autres, comme option thérapeutique.

«Seul le thérapeute chrétien peut présenter un pardon total venant de la part de Dieu», conclut-il.

Dr Jacques Kodjian
Médecin-psychiatre

TÉMOIGNAGE

Penser que l'on est la personne la plus importante est le début de la sagesse.

Penser qu'aujourd'hui est le moment le plus important de notre vie est la progression de la sagesse.

Penser que notre vie et notre mort sont les événements les plus importants fait de nous des sages.

Léon Robichaud nous donne dans son livre des pistes, des sentiers, des chemins qui nous conduisent vers l'intérieur de nous, à notre rythme, afin que chacun puisse découvrir à son heure l'amour infini de Dieu.

Le fait de recevoir ces réflexions comme un cadeau, de se donner la permission de les utiliser à son goût, de les relire, de les partager ou de les cacher relève d'un choix personnel.

Empressez-vous de les partager avec vos amis, vos proches, des inconnus, et vous en sortirez plus riches, plus grands et plus forts. Ce n'est pas l'auteur qui vous le reprochera. Un cadeau partagé se multiplie.

Lorsque j'ai côtoyé Léon Robichaud, j'ai côtoyé l'amour infini de Dieu pour ses enfants, Dieu tel que je le conçois.

La lecture de son livre nous rapproche un peu plus de l'essence de nous-mêmes, de l'essence des autres, de Dieu qui est essence.

Lysandre Giraldeau, infirmière
Hôpital des Vétérans, Montréal

Introduction

Nous avons le choix de nos émotions. Choisir entre avoir des émotions agréables ou des émotions douloureuses est à la portée de chacun de nous.

Si nous adoptons une attitude positive face aux événements, nous aurons des émotions plaisantes.

Avoir des relations heureuses ou malheureuses dépend de notre état émotionnel.

Dans la vie, l'état émotif des individus n'est pas le résultat de ce qui leur arrive, mais de l'usage qu'ils en font.

Quel que soit l'âge, les émotions que les gens éprouvent sont reliées à l'estime qu'ils ont d'eux-mêmes.

Le plaisir ou le désagrément qu'on éprouve est déterminé en grande partie par ce que l'on pense de soi.

L'émotion désagréable ou douloureuse tire ses origines de nos dysfonctions, et la dysfonction est source de souffrance morale et spirituelle. Mon travail quotidien avec des gens dysfonctionnels m'amène à conclure qu'il faut un courage énorme pour se dire dysfonctionnel, tout comme le voleur pour avouer son crime.

Dire que la vie émotionnelle est difficile peut paraître banal, mais reconnaître cette vérité est la porte qui donne accès à la sérénité. La vie est difficile pour les dysfonctionnels. Cependant, à partir du moment où ils savent et acceptent qu'ils sont dysfonctionnels, la dysfonction devient un chemin d'harmonisation intérieure. La plupart des dysfonctionnels ne voient pas les choses de cette façon. Leur négation est trop profonde. Nier son problème est tellement plus facile, accuser les autres aussi. Ils se plaignent de leurs problèmes et de leur vie en général et refusent de se regarder à l'intérieur. Pour sortir de ses dysfonctions, l'honnêteté envers soi-même constitue l'outil de base et doit être pratiquée à chaque instant. Faire face à ses dysfonctions est un processus très pénible au départ. Prendre conscience de ses dysfonctions fait ressortir des émotions qu'on a refusé de reconnaître telles que le regret, l'inquiétude, la frustration, la peur, la colère, l'angoisse, la culpabilité ou la honte. Il n'y a rien d'étrange. En fait, c'est parce qu'elles nous font souffrir que nous les appelons dysfonctions ou émotions douloureuses. C'est donc dans la confrontation de nos dysfonctions et de leur résolution que notre vie émotionnelle ne sera pas un obstacle à nos joies humaines et spirituelles.

Les idées présentées dans ce volume découlent de mon contact quotidien avec des gens intéressés à **sortir de leurs dysfonctions**. Le voyage qui mène à une vie heureuse, même avec ses dysfonctions, est long. Il faut de la discipline et de la persévérance. La croissance humaine n'est pas une affaire d'un instant comme l'éclair; elle dure toute la vie, comme l'apprentissage de l'amour. Elle est surtout grâce !

C'est en lisant attentivement ce livre, non pas comme un roman mais comme une prière, que les lecteurs feront de leurs dysfonctions une expérience consacrée à la Vérité et à l'équilibre spirituel.

✯

Gens méchants

Pourquoi tant de gens agissent-ils avec autant de méchanceté ou de désespoir? C'est simplement parce qu'ils fonctionnent à partir d'orages émotionnels négatifs. Leur subconscient est dirigé par une dominante explosive qui éclate aux dépens de la bonne volonté. Quand le mental a développé une dominante positive, alors et seulement alors le sentiment positif, qui est harmonie et bienveillance, se manifeste et rend l'être humain charmant et heureux. «Qui s'exprime s'imprime.» «On récolte dans la vie ce que l'on sème en pensée.» «Il arrive à l'être humain ce qu'il pense en son cœur.»

L'esprit humain

Tout ce qu'il y a dans l'esprit humain se concrétise dans la réalité. En d'autres mots, nous trouvons dans les autres et autour de nous ce que nous mûrissons dans notre cœur. Les autres sont notre miroir, ils nous renvoient ce que nous leur offrons. Parce que le cerveau humain est un récepteur subtil et perfectionné, il a la capacité de capter les ondes négatives aussi bien que les positives. À chacun de nous de brancher notre récepteur sur ce qui produit des sentiments plaisants et de couper la communication qui engendre le désagrément. Connaître l'origine ou le déclencheur des émotions douloureuses est la clé qui ouvre la porte à une vie harmonieuse et satisfaisante.

Qu'est-ce que l'émotion?

Théoriquement, l'émotion est une réalité humaine neutre. Elle ne rend pas une personne bonne ou méchante. Selon la médecine psychosomatique, une des causes de la fatigue, de la tension ou de la maladie, est le refoulement des émotions. En soi, l'émotion est la conséquence d'une résistance à quelque chose ou à quelqu'un. Permettez-vous de vous abandonner totalement à une émotion et elle s'intégrera rapidement. Si vous avez le désir de frapper quelqu'un, reconnaissez ce désir, accueillez ce désir, mais ne frappez pas. Si vous haïssez quelqu'un, reconnaissez-le, acceptez votre haine, mais ne posez aucun geste physique. Ne liez jamais vos émotions à la violence. Vivez vos émotions sans les traduire en des gestes physiques violents.

La tristesse, c'est la résistance à un changement. Si vous résistez à vous laisser aller à un souvenir agréable, vous récoltez de la tristesse. La colère est la résistance à réaliser votre but, c'est-à-dire à faire ce que vous sentez devoir faire. Si vous désirez que votre voisin ne vous dérange pas par ses cris la nuit, avertissez-le. La peur est la résistance à un futur possible auquel vous résistez. Si vous craignez votre dentiste, allez le rencontrer et votre peur disparaîtra. La frustration est une résistance à l'humilité. Si vous faites une erreur et résistez à être humble, vous serez frustré. L'humilité, dans ce sens, est une attitude positive face à ses limites ou ses faiblesses. Si vous acceptez vos limites, vous êtes humble; si vous refusez d'être humble, c'est-à-dire d'accepter vos limites, vous serez frustré.

La force de nos pensées

Peu de gens se rendent compte que les émotions douloureuses sont le produit de leurs pensées négatives. «Votre vie est ce que vos pensées en font», écrivait Marc-Aurèle, empereur romain. Souvenez-vous que vos pensées sont des messagères que vous envoyez et qui vous reviennent chargées de tout le mal ou de tout le bien que vous y avez déposé. C'est la loi du retour. L'être humain se donne ce qu'il donne aux autres. Ce que vous souhaitez aux autres vous arrivera. Vos pensées forment autour de vous des cercles sombres ou lumineux que vous devez traverser pour entrer en contact avec le monde extérieur. Vous possédez donc en vous le ciel ou l'enfer, selon la direction de vos pensées ou la forme qu'elles prennent. En plus de vos pensées, votre éducation, vos habitudes et votre façon de faire ont beaucoup plus d'influence sur votre qualité de vie que l'hérédité.

Des êtres malheureux

La plupart des gens malheureux le sont devenus en prenant l'habitude de cultiver des émotions douloureuses telles que le ressentiment, l'envie, la colère, l'inquiétude, la haine, *etc.* «J'ai résolu de ne plus donner aucune place à l'inquiétude, à la crainte et à la dépression», écrivait Florence Morse Kingsley. Les pensées tristes sont pires que des bandits, car elles nous dérobent notre paix et notre bonheur. Ces noires pensées laissent leur empreinte sur notre âme. Il est difficile de les extraire lorsqu'on les a laissées pénétrer, mais il est aisé de les empêcher d'entrer lorsqu'on a appris le secret pour leur barrer la route.

Traitons ces pensées destructrices comme des ennemies et ne leur ouvrons jamais notre cœur. Peu importe sa condition humaine, tout individu se doit de prendre l'habitude de cultiver des pensées agréables et de bannir toutes pensées noires. Si vous êtes habituellement triste, c'est parce que vos pensées sont mélancoliques. Si vous pensez souvent au bonheur et à la joie, vous récolterez des sentiments agréables et cet effort se transformera en habitude de produire des émotions agréables.

✯

Changeons nos idées

Les pensées désagréables suscitent des désagréments. En réalité, nous créons notre propre malheur. La pensée positive crée en soi un climat propre au calme et à la joie. C'est notre façon de penser qui fait de nous des êtres tendus, nerveux et sensibles au stress et à la déprime.

La cause du stress n'est pas l'événement extérieur, mais la réaction de la personne face à l'événement. N'avoir à l'esprit que des pensées positives ouvre la porte à la détente, à la paix intérieure.

Ainsi, le fait de savoir que nous provoquons nous-mêmes nos maladies mentales, nos peurs, nos insécurités, peut nous aider grandement à nous guérir nous-mêmes. Ce livre nous enseigne cette simple vérité.

Arrêtons de nous condamner

«Moi non plus, je ne te condamne pas» (Jn 8, 11).

Je rougis quand je pense à mes jeunes années de prêtrise où j'ai condamné plusieurs personnes qui faisaient preuve de sincérité. J'étais bien intentionné et rempli de zèle, mais que de gens j'ai condamnés parce qu'ils n'étaient pas conformes à mon idée de la sainteté.

Il y a plus de trente ans, je prêchais contre les femmes qui portaient leurs jupes courtes, les couples homosexuels, les divorcés et les personnes remariées, les buveurs et les agnostiques. Aujourd'hui, je suis convaincu que les gens divorcés ou les homosexuels portent beaucoup de souffrance et qu'ils n'ont pas choisi leur état. Avec l'expérience, j'ai compris que Dieu m'appelait surtout à porter et à transmettre un message de compréhension et d'amour. Pourquoi? Parce que les croyants et les non-croyants chargés de culpabilité et de condamnation n'ont pas besoin de moi pour leur parler de jugement et de peur.

Non, ils n'ont pas besoin de prêcheurs pour leur dire que Dieu est mécontent d'eux. Ils ont plutôt besoin d'entendre le message suivant: «Dieu n'a pas envoyé son Fils dans le monde pour juger le monde, mais pour que le monde soit sauvé par Lui» (Jn 3, 17).

Pourquoi donc ceux qui se réclament de Dieu ne prêchent-ils pas ce même message à la multitude de gens qui vivent dans la peur et l'adultère?

Pourquoi continuer à condamner celui ou celle qui ne vit pas selon nos normes morales? Il y a quelques années, j'ai rencontré une bonne mère de famille. «Je suis, me disait-elle, bonne chrétienne et j'observe les lois de la religion. Ma fille vit avec son conjoint; ils ne se sont pas mariés à l'église. Alors, je refuse de les visiter ou de les recevoir.» Quelle horrible histoire!

Ancien missionnaire, cette pensée m'étonne encore: comment ai-je pu laisser mon pays pour aller porter le message de la Bonne Nouvelle et, en même temps, être aussi incapable de prêcher le pardon et la réconciliation aux gens de ma propre maison!

Combien de gens ai-je entendus en confession qui se condamnaient et se culpabilisaient, tournés sur eux-mêmes et incapables de découvrir la miséricorde de Dieu! Et vous? Vous avez péché, dites-vous? Vous vous croyez, vous aussi, raté? D'autres ont péché avant vous et pourtant... Est-ce que Moïse était un raté? Il a été l'un des plus grands législateurs du monde. Sa carrière a débuté par un meurtre, suivi de quarante ans de fuite dans le désert. Moïse était un homme de crainte et d'incroyance. Quand Dieu l'a invité à prendre la tête des Israélites, Moïse l'a supplié en ces termes: «Excuse-moi, mon Seigneur, je ne suis pas doué pour la parole... car ma bouche et ma langue sont pesantes...» «... envoie, je t'en prie, qui tu voudras» (Ex 4, 10 et 13).

Sa peur l'a empêché d'entrer sur la terre promise. Même Dieu a loué la fidélité de Moïse: «Il est fidèle à celui qui l'a institué, comme Moïse le fut aussi dans toute sa maison» (He 3, 2).

Pensons aussi à Jacob qui lutta avec l'ange du Seigneur. Même s'il était rempli de faiblesse, cet homme reçut la vision du ciel. Jamais l'Écriture tenta de dissimuler ses erreurs. Adolescent, Jacob déçoit son père aveugle en volant le droit d'aînesse. Marié, il est infidèle à Léa, sa femme, en nourrissant une passion secrète pour sa sœur Rachel. Comme époux, il est irresponsable. Après la naissance de chaque mâle, Léa disait: «J'espère que mon mari me reviendra» (Gn 27, 34). Pour Jacob, la réalité était tout autre. Il haïssait sa femme. Malgré toutes nos tricheries, vols, infidélités, malgré la polygamie, nous adorons le Dieu d'Abraham, d'Isaac et de Jacob. Et vous, pourquoi continueriez-vous à vous condamner?

Enfin, le roi David, l'auteur des psaumes, l'homme dont Jésus a dit qu'il était saint, était aussi un grand pécheur. David, le saint roi, fit tuer son officier Urie pour épouser sa femme. Et pourtant, Dieu appela David le roi selon son cœur.

Une fois repentis, Moïse le meurtrier, Jacob l'infidèle et David l'assassin se sont servi de leurs faiblesses pour grandir. Alors Dieu les a bénis et amenés à la victoire finale.

Si vous êtes découragé à cause de vos péchés et de vos erreurs, rappelez-vous la Bonne Nouvelle: «Il y aura plus de joie dans le ciel pour un seul pécheur qui se repent que pour quatre-vingt-dix-neuf justes, qui n'ont pas besoin de repentir» (Luc 15, 7).

Si le grain ne meurt pas

Parfois, c'est après avoir été au fond de sa détresse qu'un pécheur repentant devient le collaborateur de Dieu.

J'ai connu deux hommes formidables, dévoués et pleins de compassion pour l'humanité. Les deux eurent le malheur de commettre un péché semblable à celui de David. Le premier décida de ne pas reprendre le chemin du pardon. Aujourd'hui, il est buveur invétéré et il blasphème Dieu.

Le deuxième reconnut sa faute, demanda l'aide de Dieu et reprit le chemin du pardon. Il travaille maintenant auprès des alcooliques, des drogués et son ministère est fructueux. Au lieu de se refermer sur son péché comme le fit le premier, il se tourna vers l'Absolu et reconnut la miséricorde de Dieu.

En dépit de nos fautes ou de nos péchés, gardons l'espérance dans le Dieu Sauveur. Cessons de nous juger ou de nous condamner. Dieu nous aime comme nous sommes.

Ne pas dépendre des autres pour être heureux

Cessons de croire que nous avons besoin des autres pour être heureux. Nous ne devons pas penser que notre bonheur ou notre malheur dépend d'autrui. Celui qui dépend des autres est un esclave. Cessons donc d'être esclaves de notre façon de penser. Ceux de qui nous dépendons nous exploitent.

Ne cherchons pas notre bonheur en dehors de nous. Si nous cherchons notre bonheur ailleurs qu'en nous, nous ne le trouverons jamais. Ne nous demandons pas si les autres nous aiment. Aimons-nous nous-mêmes. Acceptons-nous comme nous sommes.

Si, en nous regardant dans un miroir, nous n'aimons pas le visage qu'il reflète, ne brisons pas le miroir. La laideur du visage dans notre miroir ne dépend pas du miroir mais de celui qui regarde. À quoi sert de briser le miroir? Ce n'est pas le miroir qu'il faut casser. C'est notre intérieur qu'il faut meubler. Le Divin est en nous. Tout est à l'intérieur de nous. Nous sommes le temple de l'Esprit Saint. Le bonheur est en nous. C'est là qu'il faut chercher et pas ailleurs.

Un mariage sans bonheur

Récemment, je recevais un couple en consultation. Après cinq ans de mariage, Marie et Jean, parents de deux enfants, pensaient à la séparation. Pendant que Marie, en larmes, me décrivait la souffrance vécue dans sa vie de couple, Jean la regardait en se balançant sur ses pieds. Marie répétait: «Il n'y a plus d'espoir dans notre mariage. Nous vivons dans deux mondes différents. J'ai été conditionnée par lui, j'ai été à son service pendant cinq ans. Maintenant, je suis fatiguée d'attendre qu'il entre tôt le soir et qu'il m'invite à une sortie de temps en temps. Je n'ai rien fait qui relève de ma propre initiative depuis mon mariage avec Jean.»

J'étais peiné de voir comment ils étaient devenus étrangers l'un à l'autre. Sans enthousiasme, abattus et malheureux, ils ressemblaient à des dizaines de couples que je reçois en consultation chaque année. Pourtant, un jour, ils étaient tombés amoureux, ils s'étaient désirés, ils passaient de longues heures à se regarder dans les yeux, puis ils s'étaient unis devant Dieu et les hommes pour le meilleur et pour le pire. Quelques années ont passé et les voilà désillusionnés, ennuyés lorsqu'ils sont en présence l'un de l'autre.

Face à cette jeune épouse, j'ai senti pendant un moment le désarroi, la stupéfaction. Marie était entrée dans le modèle de l'épouse frustrée qui attend son bonheur de l'autre. J'ai dit à cette jeune dame: «Si parfois votre époux vous traite de la manière souhaitée, s'il passe un moment avec vous, vous avez un peu de bonheur. Cependant, s'il vous oublie, s'il ne vous fait pas d'invitation selon vos attentes, s'il n'est pas gentil ou courtois, vous êtes malheureuse. Tout votre bonheur est conditionné par ce qu'il est ou ce qu'il fait pour vous. C'est pourquoi vous ressentez un si grand vide. Parce que votre vie dépend de ses actions, vous n'êtes simplement plus une personne totale, vous êtes une moitié de femme. Vous ne pouvez pas être sereine si vous attendez que le bonheur vienne exclusivement de votre mari. Vous devez trouver votre bonheur en vous, dans ce que vous êtes ou ce que vous faites. N'attendez pas que votre bonheur arrive par les autres. Vous devez devenir l'auteur, la metteure en scène et l'actrice de votre propre vie. Un changement dans votre façon de penser est devenu pour vous une nécessité.»

La cause des séparations

Un couple devient émotionnellement handicapé quand l'un des conjoints perçoit l'autre comme une béquille. Celui-ci se convainc qu'il a le droit d'exiger de l'autre qu'il le rende heureux. Cet époux ou cette épouse qui attend le bonheur de son conjoint ou de sa conjointe vit dans le mensonge. Comme il ou elle ne connaît pas le bonheur souhaité, il ou elle jette tout le blâme sur les enfants et les limites de l'autre.

Les cours de justice au Canada sont remplies de couples qui demandent le divorce parce que leur mariage est malheureux. Ces mêmes gens vont se remarier une, deux ou trois fois, attendant toujours qu'une autre personne leur donne le bonheur. D'un mariage à l'autre, leurs frustrations et leurs déceptions augmentent sans cesse. Quelqu'un peut donner du bonheur, mais aucun être humain ne peut donner LE bonheur.

Chacun, avec l'aide de Dieu, est responsable de son bonheur. Contrairement à la croyance, le mariage n'est pas fait d'une moitié qui attend le bonheur de l'autre moitié. On entend souvent l'expression *ma tendre moitié*. Cependant, chaque partenaire doit devenir un individu à part entière, ayant sa propre identité.

Tant et aussi longtemps que chacun des conjoints ne sera pas déterminé à être une personne entière et à trouver en lui son propre bonheur, les cours de justice seront remplies de gens malheureux. Soyez heureux avec votre conjoint, mais n'attendez pas tout votre bonheur de lui.

C'EST QUOI L'IMAGE DE SOI?

Avez-vous déjà vu une maman, en visite chez des amis, montrer la photo de son enfant? Cette photo pourrait être celle de votre femme, de votre fiancé ou de toute autre personne.

En regardant cette mère, vous êtes impressionné par l'émerveillement et le visage ému qu'elle dégage à l'accueil qu'elle reçoit. D'autre part, lorsque, par mégarde, vous sortez la photo de votre passeport, vous sentez le besoin d'expliquer les circonstances dans lesquelles la photo a été prise. Vous avez toujours dans votre poche une photo plus belle que celle du passeport. Il en est de même dans la vie. Nous avons tous une image de nous, moins visible et plus resplendissante (belle?) que celle qui paraît à l'extérieur. Certaines personnes préfèrent la photo du passeport à celle prise par un ami sur le coin d'une rue. Pour d'autres, c'est le contraire; leur choix se porte sur la photo au coin d'une rue.

Plusieurs d'entre nous seraient très embarrassés si, tout d'un coup, on pouvait voir l'image intérieure qui les habite. On peut exposer à l'extérieur une tout autre image que celle du cœur. Les apparences sont très trompeuses. Au-delà de la façade, on trouve parfois une image qui ressemble à celle du portefeuille et qu'on traîne depuis longtemps. Il y a aussi la photo du salon. Les femmes avec un joli visage, les hommes à stature attrayante reçoivent beaucoup plus d'attention que les gens du commun des mortels. Également, les personnes qui ont développé une image saine d'elles-mêmes sont parmi les plus heureuses de la terre.

Qu'on le veuille ou pas, notre image mentale a une très grande influence sur notre comportement, notre cheminement spirituel et notre bien-être. Comment cela se fait-il? C'est que l'individu a tendance à agir selon l'image qu'il a de lui-même.

C'est un fait psychologique populaire bien connu: une personne qui se déprécie pense que les autres en font autant. Cette conception erronée de soi influence la vie sociale et toutes les relations affectives qui en découlent. C'est pourquoi une conception saine et juste de soi est le plus précieux des héritages familiaux, alors qu'une image fausse de soi est le plus grand des handicaps.

• Développement de l'image mentale

D'où vient l'image que nous avons de nous-mêmes? Le tout a débuté au moment où on nous a placés pour la première fois dans les bras de notre mère. C'est à partir de cette première relation parentale qu'on a commencé à établir une façon individualisée de notre manière d'entrer en relation avec nous-mêmes, les autres et notre environnement. Alors, toutes nos relations sont conditionnées par l'image que nous avons de nous-mêmes. Si la conception que nous avons de nous détermine la couleur de nos relations, nous nous devons de transformer l'image que nous avons de nous-mêmes. Vers l'âge de cinq ans, l'image que l'enfant a de lui le suivra toute sa vie et ce sera pour lui dans une constante recherche d'équilibre qu'il parviendra à la changer.

• Avoir une meilleure image de soi

Est-ce possible d'avoir une meilleure perception de soi-même? Le portrait type que vous avez de vous n'est pas coulé dans le béton. Vous pouvez toujours le changer. Vous pouvez développer une image plus juste et plus saine de vous-même. Les fissures, les faiblesses et les points noirs peuvent pour un temps détériorer votre photo. Si vous apprenez à vous voir et à vous aimer comme Dieu vous aime, vous allumerez une étoile qui donnera à votre image profonde une vision nouvelle de vous. Même à travers ce miroir divin, l'ombre de votre vieille photo peut toujours réapparaître pour un certain moment. Rien de ce qui est humain n'est acquis pour toujours. Cependant, il est possible en tout temps, car nous sommes perfectibles, de refaire son image de soi.

Une sage estime de soi

La manière dont on se regarde et le jugement que l'on porte sur soi influencent nos comportements et nos relations interpersonnelles. L'idée que l'on se fait de soi tire son origine du modèle reçu dans notre milieu familial. Ce que l'on nous a enseigné dès notre enfance, nous l'avons assimilé, nous l'avons aussi pratiqué et nous sommes devenus conformes à cet enseignement appris. Ceux et celles qui furent élevés dans la culpabilité sont devenus coupables; dans le rejet, ils se sont sentis rejetés; dans la gêne, ils sont devenus timides, *etc.* Déjà, à l'école maternelle, les résultats scolaires reflétaient l'image que nous avions de nous-mêmes.

Les dysfonctions

Les dysfonctions qui sont les vôtres vous furent enseignées, apprises et pratiquées. Si vos parents avaient une pauvre estime d'eux-mêmes, ils vous ont transmis cette même dysfonction. Si leurs relations avec l'autorité étaient difficiles, vous vous sentez mal à l'aise face à une image quelconque d'autorité. Si vos parents étaient des êtres anxieux, vous êtes devenu dépressif sans trop savoir pourquoi. S'ils étaient des parents perfectionnistes, vous avez développé des attentes trop élevées, irréalistes et vous rêvez à des postes ou à des occupations incompatibles avec vos capacités; vous vivez dans l'illusion.

La dysfonction est une maladie familiale et se transmet de génération en génération, à moins de devenir plus fonctionnel. Plus on devient fonctionnel, plus on s'occupe de soi; moins on est dérangé par les autres, plus on apprend à vivre et à laisser vivre les autres. Les dysfonctionnels sont obsédés par le comportement des autres.

Les types de comportement

Les types de comportement qui sont vôtres aujourd'hui sont le résultat de ce que vous avez pratiqué dès votre naissance. Vous reproduisez dans votre vie le même modèle qu'on vous a appris étant enfant. Ce avec quoi vous avez grandi, vous l'avez pratiqué et vous l'êtes devenu. Si vous avez eu une série de relations ratées, vous en avez été témoin. Si vous êtes de ces gens violents, vous avez été violenté. Si vous êtes incapable de vous faire dire «non» sans être vexé, si vous avez de la difficulté à dire «non» à une proposition, si vous avez tendance à vivre un mode de vie de toxicomane (cigarette, alcool, médicaments, jeu, drogues, pornographie, nourriture, sexe, *etc.*), vous êtes du type de personne à qui on attribue le qualificatif de dysfonctionnel. Avoir de la difficulté à s'engager, à vivre l'intimité, à se détendre, à s'affirmer, à répondre à ses besoins sont quelques-unes des caractéristiques d'une personne dysfonctionnelle.

Le principe

Ce que vous vivez, vous l'avez appris; ce que vous apprenez, vous le pratiquez; ce que vous pratiquez, vous le devenez. C'est le principe qui est à la base des groupes pour enfants-adultes nés de parents dysfonctionnels.

Cette habitude de comportements dysfonctionnels est à l'origine des émotions douloureuses. Le malheur, c'est que les humains continuent inconsciemment à développer les mêmes modèles de comportement appris dans leur famille d'origine, même si cela est la cause de leurs malheurs. Même si vous souhaitez de tout votre cœur ne pas être colérique, violent, impulsif ou toxicomane, vous le resterez si vous ne changez pas de mode de vie ou de modèle. C'est contre leur volonté que les abusés deviennent abuseurs et les agressés, des agresseurs, *etc.*

Vous trouverez une variété infinie de modèles appris, mais ils ne sont pas tous négatifs. Je m'arrête à ceux-ci pour expliquer mon point de vue sur les émotions douloureuses.

Ne jamais oublier

N'oubliez jamais ceci: même si votre mère était violente ou angoissée, vous n'êtes pas obligé de l'être ou de reproduire ses modèles de comportement. Vous pouvez être riche et en santé même si votre père était pauvre et malade.

La couleur de vos lunettes

Nous nous voyons à travers nos lunettes. Les lunettes, ce sont les modèles appris dès l'arrivée dans notre famille d'origine. D'après la perception que nous avons des gens, nous choisissons des comportements appropriés aux situations. Si nos lunettes ont la couleur de la peur, nous nous sentons menacés; si elles ont la couleur de l'agression, nous sommes sur la défensive; si c'est la couleur du ridicule, nous nous sentons ridiculisés. Si c'est l'inquiétude, nous nous sentons perturbés et si nos lunettes ont la couleur de la culpabilité, nous nous sentons fautifs.

Tout dépend de notre manière de regarder la vie ou les gens. Tout dans les émotions est une question d'attitude. Vous êtes ce que vous ressentez. Et votre ressenti est à la couleur de ce que sont vos pensées. En d'autres mots, vous êtes ce que vous croyez être. Si vous vous croyez agressé, vous serez agressif.

Liste des sentiments possibles

- ***Haine:*** désagréable, amer, repoussant, odieux, détestable, méprisable, antipathique, répugnant, dégoûtant, abominable.
- ***Peur:*** terrifié, effrayé, anxieux, craintif, troublé, soucieux, stupéfait, alarmé, appréhensif, préoccupé.
- ***Colère:*** sensible, offensé, enragé, coléreux, hostile, insulté, vexé, tourmenté, hors de soi, emporté.
- ***Heureux:*** gai, joyeux, chanceux, fortuné, ravi, content, satisfait, comblé, rayonnant.
- ***Amour:*** affectueux, sensible, amoureux, aimable, tendre, dévoué, attaché, passionné, fou d'amour, très estimé.

- ***Désappointement:*** ennuyé, malheureux, insatisfait, frustré, désillusionné, débâti, blessé, fautif, rejeté, écrasé.
- ***Tristesse:*** éploré, peiné, froissé, déprimé, tourmenté, angoissé, désolé, malheureux, pessimiste, mélancolique, en deuil.
- ***Confusion:*** mêlé, hésitant, bouleversé, confondu, désarçonné, renversé, incertain, indécis, perplexe, embarrassé.

Les émotions / Les habitudes

Voici quelques émotions ou habitudes dans lesquelles vous pourriez vous reconnaître.

La colère

La colère semble être une émotion difficile à gérer. Cette émotion forte nous porte à la violence, parfois à des actes de rage et d'antagonisme. La colère est une véritable perte de la maîtrise de soi. Elle nous pousse à la vengeance et à la punition. Elle a pour but de blesser les autres; de détruire et parfois de tuer.

Pour éliminer la colère, il est important d'être conscient et aussi d'accepter son sentiment colérique. Plus important encore, c'est de faire de sa colère une alliée, car elle a pour fonction d'assumer notre protection. Elle nous prépare à un état de fuite, de défense ou de combat quand nous en avons besoin. *Sois en colère, mais ne pèche pas,* dit la Bible.

Si nous sommes si mal à l'aise face à la colère, c'est qu'elle a été trop souvent liée à la violence. En elle-même, la colère n'est pas dangereuse. C'est l'usage qu'on en fait qui rend la colère destructrice. Cette émotion si mal administrée sert pourtant à assurer notre survie. Si nous validons, reconnaissons et autorisons cette émotion, elle contribuera à notre développement personnel.

Un psychologue me disait qu'il n'y a que trois émotions fondamentales – colère, amour et haine – et que toutes les autres émotions en découlent.

Apprenons donc à faire de la colère une amie. Dans la partie sur la culpabilité, nous verrons comment la colère et bien d'autres désordres tirent leur source de ce sentiment d'être coupable.

Le ressentiment

Le dictionnaire définit le ressentiment comme étant le souvenir d'une injure avec le désir de se venger. C'est comme un petit compte à régler, une note à faire payer à quelqu'un. Le ressentiment est comme une lame à deux tranchants: il blesse autant l'offenseur que l'offensé, sinon plus. Le ressentiment nous rend esclaves en ce sens qu'il nous lie à l'ennemi aussi fort que l'amour peut nous lier à son objet. À la différence de l'amour, ce lien affectif est destructif et conduit à la maladie de l'âme.

Comment se libérer du ressentiment? En prenant conscience qu'il est le signe d'une haine contre soi-même. Qui éprouve du ressentiment ne s'aime pas. Celui qui cultive du ressentiment pense haïr l'autre, mais c'est lui-même qu'il déteste. C'est en priant qu'on arrive à se libérer de son ressentiment. Il y a des émotions qui ne se chassent que par la prière et le jeûne.

L'apitoiement

L'apitoiement est une façon subtile d'attirer la sympathie des gens sur soi. On se fait victime pour obtenir l'attention de son entourage. C'est une forme extrême d'égoïsme qui retarde le développement de la paix intérieure. L'apitoiement a l'effet contraire souhaité. Il nous éloigne de l'affection de ceux vers qui nous voulons nous rapprocher. L'apitoiement remplit notre esprit de détails et de petits inconvénients de la vie, jusqu'au point où nous ne pourrons plus voir le bon côté des choses. L'apitoiement est le frère du ressentiment. C'est une rébellion déguisée en vertu, mais il tue sans merci. C'est une sorte de mécontentement malsain contre les désagréments et les frustrations inhérentes à la condition humaine.

Comment s'en libérer? C'est en développant notre sens de l'appréciation de ce qui nous arrive de bon que nous éliminons l'apitoiement. Développons notre sens de la gratitude et notre apitoiement disparaîtra. Les gens, pas plus que nous, n'ont besoin de pitié; ce dont nous avons besoin, c'est d'un peu d'amour et d'amitié.

La critique négative

La critique est une intoxication psychologique causée par nos défauts de caractère. Elle fait grossir dans notre mental les rumeurs, l'envie, l'intolérance et le ressentiment. Elle tue l'harmonie et répand une suspicion généralisée. Rien ne détruit autant nos relations interpersonnelles que cette habitude de la critique négative.

L'inquiétude

L'inquiétude est l'une de ces émotions douloureuses qui font des ravages considérables sous des apparences inoffensives. Comme l'alcool, elle s'infiltre tout doucement. L'inquiétude est un effort pour contrôler l'avenir. C'est un effort mental pour contrôler les événements désagréables possibles et futurs. Comme le futur est incontrôlable, c'est une perte inutile d'énergie. L'inquiétude au sujet de ce que font les autres, l'inquiétude de ce que disent les voisins ou l'inquiétude du lendemain fait naître à chaque minute des éléments négatifs, lesquels à leur tour rendent la vie de plus en plus difficile.

L'inquiétude est une habitude néfaste prise face aux choses ou aux événements de la vie courante. Au lieu de croire que nous avons tout à l'intérieur de nous pour bien faire face aux événements, nous avons pris cette mauvaise habitude de penser que les choses possibles futures et extérieures à nous pourraient déterminer notre destin. L'inquiétude est une manière de voir terrifiante. Elle prend fin lorsque nous réalisons qu'elle tire son origine dans notre façon de penser.

Comment se guérir de son inquiétude? En vivant le moment présent, en faisant ce qui doit être fait et en laissant le futur à la Providence. Un poète écrivait: «Quand je pense à hier, j'ai mal; quand je pense à demain, j'ai peur. Seigneur, fais que je vive le moment présent.»

L'intolérance

L'un des signes par excellence de la faiblesse d'une relation, c'est l'intolérance. Il y a aussi l'intolérance spirituelle, sociale, conjugale, parentale, *etc.* Qu'est-ce que l'intolérance? C'est la manifestation d'une grande incapacité à communiquer ou à supporter les contrariétés inhérentes à la vie. L'intolérant est agacé par toute personne qui ne pense pas comme lui ou pose des actions contraires à sa morale ou à sa façon de penser. L'intolérant est voué à une vie remplie de déceptions. Êtes-vous intolérant? Face à l'intolérance, où en suis-je dans ma vie? De quelle façon en suis-je arrivé là? À partir d'où je suis, quel serait le premier pas à faire pour devenir plus tolérant?

Pour connaître votre degré d'intolérance aux autres, répondez aux questions suivantes: mes relations avec les gens, comment sont-elles? Agréables, tendues, distantes, ardues, bonnes, conflictuelles, déprimantes, *etc.*? Ma relation avec Dieu, comment se porte-t-elle? Quelle est ma facilité à vivre avec les contrariétés?

L'insuccès

Encore ici, l'insuccès est la conséquence de notre façon de penser. Par notre esprit, nous créons nous-mêmes notre insuccès. Nous nous attirons des événements non désirés par notre attitude négative à l'égard des conditions de notre existence et en négligeant d'affirmer le bien. Nos nombreuses affirmations pessimistes conduisent à l'insuccès: «Ça ne sert à rien, à quoi bon, je n'ai pas de chance, je suis né pour un petit pain, *etc.*»

Cet autosabotage conduit directement à l'insuccès. Nous vaincrons les insuccès en nous rendant compte que la cause de nos défaites réside dans une attitude mentale négative et défaitiste. Le vrai remède consiste en un changement de mentalité et la décision de ne pas gaspiller son énergie à combattre les difficultés de l'extérieur, mais à regarder à l'intérieur de soi où tout est force et sérénité. Si nous cessons de craindre les dangers, cela leur enlève tous leur pouvoir sur nous. Si nous mettons toute notre confiance en Dieu tel que nous le concevons, nous resterons maîtres et des choses et des événements. Si Dieu est avec nous, qui sera contre nous?

La jalousie

La jalousie est due à l'insécurité émotionnelle. Elle rend les autres menaçants à nos yeux, en ce sens qu'elle nous fait croire que les autres sont supérieurs à nous et qu'ils attirent à eux les êtres que nous aimons. La jalousie regroupe les caractéristiques de la peur, de la colère, du doute, de l'inquiétude, de la vengeance, de l'intolérance et de la haine. La jalousie exige la dévotion exclusive des autres, elle ne tolère aucune rivalité. La jalousie est un cancer qui ronge l'individu jusqu'à l'âme. Le jaloux ne connaîtra jamais le bonheur. Si vous en êtes infecté, n'hésitez pas à consulter une personne ressource. Il y a des faiblesses qui ne se guérissent que par la prière et le jeûne.

La nourriture

Pour de nombreuses personnes, les repas sont souvent des moments de tension. Les gens mal dans leur peau mangent souvent pour des raisons émotives plutôt que pour satisfaire leurs besoins. La nourriture peut facilement devenir une source de compensation. Un grand nombre de personnes se gavent de nourriture et trouvent dans l'acte de manger un soutien émotionnel. Cette façon d'ingérer peut encourager la perte d'estime de soi et l'autodestruction. Tout un chacun a besoin de réfléchir à ce que signifie pour lui la nourriture. La nourriture peut être un problème pour plusieurs. Si c'est votre cas, cherchez et obtenez de l'aide.

L'alcool

L'alcool est une drogue. La dépendance aux boissons alcoolisées est un processus insidieux. Si l'alcool modifie votre comportement, prenez garde. Pour plusieurs, l'abstinence totale est le seul moyen de se protéger de cette dépendance. Trop de buveurs sociaux pensent qu'ils auront assez de maîtrise d'eux-mêmes pour ne pas devenir dépendants. Ici comme ailleurs, toutes les meilleures intentions du monde n'empêchent pas les gens de s'enliser sur la route de la toxicomanie.

Êtes-vous un gros buveur? Vous êtes un gros buveur si vous prenez quatorze consommations de boissons alcoolisées par semaine. Voir clair sur sa manière et sur la quantité de sa consommation est la meilleure prévention.

La cigarette

La cigarette tuera plus de gens au cours des vingt prochaines années que la guerre, le sida et tous les accidents mis ensemble, a estimé un médecin de Vancouver, le docteur Frédéric Boss. Chaque année, au Canada, il y a plus de 30 000 décès reliés au tabagisme. À chacun de nous d'y réfléchir.

Avoir raison à tout prix

Vouloir avoir raison à tout prix, s'obstiner, chialer ou condamner semble être une obsession très répandue. Nombreux sont les gens autour de nous qui passent leur temps à répandre des paroles offensives et offensantes. Ils insistent pour avoir raison, ils ont l'esprit fermé: l'entêtement et l'obstination prennent la place du dialogue et de la compréhension. Combien de couples, de familles, de religieux, de voisins *se battent verbalement* avec des jugements, des doutes, des jalousies, de l'avarice, de la colère, quand ce n'est pas physiquement, pour avoir raison. Essayer d'avoir raison, c'est plus souvent qu'autrement perdre un ami; c'est aussi vivre tendu et rigide mentalement. Avoir raison, c'est vivre dans le conflit et non dans la paix intérieure. Que préférez-vous? Avoir raison ou vivre dans l'harmonie?

La vérité

«La vérité vous rendra libre.» La beauté de l'être est dans sa vérité. Si vous voulez qu'on vous croie, soyez vrai. Vous vous sentirez aussi bien que votre vérité et aussi mal que votre mensonge. Il arrive à l'être humain selon la vérité. Ce qui lui arrive est le reflet de sa vérité. Quand je suis vrai, je donne de l'âme à l'autre et je le pousse à devenir lui-même. Si vous désirez être bien, soyez vrai.

L'ivresse mentale

Il y a l'ivresse de l'alcool. Il y a aussi l'ivresse mentale, sans alcool. L'ivresse mentale est le lot de ceux qui ont perdu la maîtrise de leur vie, qui sont obsédés par le comportement ou le jugement des autres. Font de l'ivresse mentale les gens qui vivent au-dessus de leurs moyens financiers et pratiquent un perfectionnisme exagéré. Vous verrez aussi chez eux des attitudes d'immaturité, des impatiences, des critiques négatives constantes et une incapacité à remettre à plus tard la satisfaction d'un plaisir. Cette ivresse mentale amène même des réactions violentes face à des banalités. L'ivresse mentale est le chemin le plus sûr pour une vie appauvrie dans tous les domaines.

Le burn-out

Ayant lui-même fait un burn-out, le psychanalyste Herbert Freudenberger fut le premier à utiliser cette expression en 1924. Ce que l'on nomme *burn-out* est un épuisement personnel qui se manifeste au travail. C'est un mal de vivre que le travailleur cherche à soulager en s'enfonçant dans son travail d'une façon acharnée. Le burn-out est la fumée qui annonce une perturbation intérieure non résolue. En d'autres mots, le burn-out n'est pas une maladie, mais le symptôme d'un mal plus profond, le mal de l'âme.

Le burn-out conjugal

La recherche d'un bonheur absolu mène au burn-out, selon certains psychiatres. Nos ancêtres s'accommodaient plus facilement des difficultés conjugales en prenant conscience qu'elles faisaient partie de la vie de tous les jours. Leur sagesse les amenait à réaliser que ça ne peut pas être l'extase douze heures par jour sur le plan conjugal. De nos jours, l'exigence du bonheur conjugal ou sexuel est plus élevée; ce qui conduit à une frustration proportionnelle aux attentes d'un bonheur absolu et sans effort. Plus les attentes sont grandes, plus les déceptions sont profondes. Les déceptions sont proportionnelles à l'intensité des attentes.

La règle pour éviter le burn-out conjugal serait d'être plus réaliste, car la vraie vie est composée de moments agréables et désagréables. La médecine préventive du burn-out conjugal ou parental est la communication. Cet apprentissage de la communication commence dès l'enfance. Si elle fait défaut, n'attendez pas le burn-out pour réagir, demandez de l'aide ou suivez une thérapie de couple.

✯

Le deuil existentiel

Pour la grande majorité des gens, le mot *deuil* signifie la perte d'un être cher par la mort, la séparation ou le divorce. Fondamentalement, être en deuil, c'est ressentir une grande douleur; c'est aussi avoir le mal de vivre ou le mal de l'âme.

Le deuil existentiel, c'est l'état d'une personne mal à l'aise et mal dans sa peau, sans raison apparente. Vous voyez ces gens, ayant un bon emploi, une belle maison, un conjoint charmant et des enfants enjoués, mais dont l'existence se déroule sans joie ni enthousiasme. Ce sont même des employés modèles qui ne retirent plus aucun plaisir de la vie. Ils sont irritables, se laissent déranger par le comportement des autres, ont de la difficulté à se reposer.

Comment en arrive-t-on à vivre un deuil existentiel? Quiconque n'a pas développé ses ressources intérieures ou ses aspirations profondes vivra une certaine lassitude, voire même la déprime. Les gens en deuil existentiel, vous les verrez occuper leurs journées à des passe-temps futiles, à magasiner sans réels besoins, à regarder la télé, des vidéos, *etc*. Ce sont des adeptes excessifs du bingo, bateau, auto, moto, véhicule récréatif, canot et tout ce qui peut faire écouler le temps d'une existence sans projets.

Si vous avez besoin de passer votre temps à des occupations inutiles, vous êtes dû pour changer quelque chose dans votre vie. Alors retournez aux études, changez d'emploi, faites du bénévolat ou joignez-vous à un groupe de croissance.

N'ayez pas peur

N'ayez pas peur. Laissez aller vos peurs, lâchez prise et faites confiance. N'ayez pas peur ! Regardez, entendez, touchez et aimez ! Vous êtes né pour gagner. Soyez bon envers vous-même et les autres, alors vous n'aurez pas besoin de force. Soyez patient et vous réussirez toutes choses. Soyez humble et les gens s'approcheront de vous. L'essentiel, c'est d'aimer. Où il y a de l'amour, il n'y a pas de peur.

✯

LE GOÛT DE REVIVRE

L'épreuve, l'échec, la culpabilité...

On peut être atteint par de graves problèmes: la perte d'un être aimé, le poids d'un remords accablant ou la culpabilité. Quand le drame fond sur nous, c'est que nous ne voyons pas comment nous en sortir. Certains cherchent refuge dans l'alcool, la drogue, *etc.* Pourtant, nous sommes sur terre pour gagner, traverser les épreuves et surmonter les obstacles. La vie est un don de Dieu, une flamme, un feu qui doit en allumer d'autres. Comment avoir le goût de vivre en dépit de nos accablements? Voici quelques règles pour surmonter l'épreuve.

D'abord, tournez-vous vers la vie. Mettez-vous à la recherche de personnes qui ont traversé la «forêt obscure» et qui peuvent vous servir de support. Trouvez-vous un groupe de soutien.

Sachez pardonner, à vous-même et aux autres. Pardonner, c'est se libérer. Remettez à chacun sa dette. Ne ruminez pas la méchanceté d'autrui à votre égard. Les autres sont humains comme vous. Au moment où l'on a agi, c'était le plus parfait qu'on pouvait être. Tirez donc la leçon de cet événement et oubliez. Pardonnez-vous.

Augmentez votre propre estime de soi. Regardez vos qualités et ayez une bonne opinion de vous-même. Soyez généreux envers vous. Ne dramatisez pas vos limites. Pensez à ce que vous possédez, non pas à ce qui vous manque.

Rapprochez-vous des autres. Au lieu de chercher des ami(e)s, devenez vous-même un(e) ami(e). Tendez la main. Aimez les gens que vous rencontrez. Sortez et allez à leurs rencontres.

Pratiquez la gratitude. Apprenez à voir la lumière et non les ombres. Surtout, sachez dire merci à la vie, à Dieu. Dites merci pour le soleil, l'eau, votre santé, vos jambes, vos yeux, votre travail. Sachez dire merci et la vie jaillira de nouveau.

Une bonne façon de vivre heureux

Au cours des années, j'ai trouvé une manière simple d'être heureux, une manière qui fait que je n'attends plus les autres. C'est un bonheur qui n'est pas conditionné par ce que pensent, disent ou font les gens autour de moi, ni par leur humeur. Respirer, se nourrir, se vêtir, se protéger du froid ou de la chaleur sont des besoins primaires. En dehors de cela, les besoins fondamentaux sont spirituels. Aucun autre être humain ne peut satisfaire nos besoins spirituels fondamentaux. Croire qu'un autre humain peut nous satisfaire est la source de notre malheur.

Selon saint Paul, seul Dieu peut rendre un être heureux. «En retour mon Dieu comblera tous vos besoins, selon sa richesse, avec magnificence, dans le Christ Jésus» (Philippiens 4, 19).

La haine crée des liens aussi forts que l'amour

La haine nous lie à notre ennemi aussi fort que l'amour à notre ami, à la seule différence qu'elle nous rend malheureux. La personne qui est objet de haine n'est pas la plus malheureuse, c'est celle qui la nourrit qui l'est.

N'attendons pas l'amour des autres pour être heureux. C'est une chose trop incertaine. Un jour, on nous aime; et l'autre jour, on ne nous aime plus. Si nous voulons être heureux, ne comptons que sur notre amour. Aimer dépend de nous. Nous faire aimer dépend de la volonté des autres. Si nous aimons, n'attendons pas d'être aimés en retour, car nous serons vite très déçus.

Le seul pouvoir moral que nous avons sur les autres, c'est de les aimer ou de ne pas les aimer. Tout autre mouvement est une pure perte de temps et d'énergie. Nous pouvons mériter l'amour des autres, mais n'attendons pas d'être aimés en retour.

Le malheur des gens vient du fait qu'ils attendent la reconnaissance des autres. L'aptitude au bonheur est cette capacité d'aimer sans rien attendre en retour. Attendre d'être aimé en retour d'un amour donné aux autres n'est pas de l'amour, c'est un commerce. Le commerce peut enrichir mais ne rend pas nécessairement heureux.

N'attendons pas d'être aimés des autres pour être heureux, c'est ce que font ceux qui sont en enfer. «Aimez vos ennemis», dira Jésus de Nazareth. «Faites du bien à ceux qui vous haïssent.» Donc, nous voulons vaincre nos ennemis? Aimons-les. Si nous voulons être malheureux, haïssons nos ennemis, c'est le plus sûr moyen de nous attacher à eux. Nous voulons le bonheur? Alors, aimons même nos ennemis.

Les trois principales émotions qui habitent l'être humain

PEUR – COLÈRE – AMOUR

La **peur** et la **colère** produisent la haine.

L'**amour** engendre la paix et l'harmonie.

Le vide intérieur

La nature a horreur du vide.

Le vide de mon intérieur sera comblé par des résidus, des détritus et des déchets si je ne le remplis pas de spiritualité, d'amour, de joie, de projets et d'autonomie.

Si mon vide n'est pas rempli d'amour, il le sera de colère et de peur qui, à leur tour, engendreront la haine. La peur ou la colère ne laissent aucune place à autre chose, tandis que la spiritualité ou l'amour laissent de la place pour autre chose. Vous pourrez aimer votre enfant et en même temps aimer Dieu, votre frère, votre voisin, votre épouse, et il y aura toujours de la place.

Si vous êtes plein de ressentiment et de colère, vous n'aurez plus de place pour l'amour.

L'amour est longanimité, serviabilité mais non envie; il ne tient pas compte du mal. L'amour ne se réjouit pas de l'injustice, mais, au contraire, il met sa joie dans la vérité. «L'amour excuse tout, croit tout, espère tout, supporte tout» (1 Co 13, 7).

La Règle d'or

«Ainsi, tout ce que vous voulez que les hommes fassent pour vous, faites-le vous-mêmes pour eux: voilà la Loi et les Prophètes» (Mt 7, 12).

Au XVIe siècle, on commence à appeler «Règle d'or» ce texte tiré de saint Matthieu. Cependant, cette règle était connue du bouddhisme, du judaïsme et Confucius en faisait un usage courant. L'Antiquité grecque la connaissait déjà sous sa forme négative (ne pas faire aux autres ce que je ne voudrais pas qu'on me fasse). Passée au judaïsme grec, cette Règle d'or est devenue le résumé de toute la Loi. Et le Nouveau Testament la formulera d'une façon positive. C'est ici que se trouve le radicalisme de la morale du Christ.

Non seulement il s'agit de s'abstenir de faire le mal, mais il s'agit plutôt de faire le bien. Selon Jésus, chacun doit essayer de se mettre à la place de l'autre, d'entrer dans ses points de vue et de faire comme s'il était à sa place. Le fondement affectif de la Règle d'or est celui-ci: «L'amour de soi sert de mesure à l'amour du prochain.» «Aime ton prochain comme toi-même.» C'est à partir de nous que nous pouvons comprendre jusqu'où doit s'étendre notre amour du prochain. Ce que j'aimerais recevoir, je le donnerai: c'est donc en retournant à moi-même que je saurai comment je dois traiter l'autre.

Le bien que l'on fait nous revient

Un ami médecin me disait: «Des recherches démontrent les bienfaits de l'altruisme.» Alors, il recommandait à ses patients non seulement de prendre des médicaments, mais de poser des gestes amicaux envers autrui. Les bonnes actions ont un effet bénéfique sur le système immunitaire. Le simple fait d'avoir des pensées positives envers autrui entraîne dans l'organisme des changements physiologiques importants.

La personne qui pose une bonne action fait soudainement augmenter le nombre de ses globules blancs et elle est donc plus en mesure de faire face à des agents infectieux. Lors d'une recherche à l'Université Harvard, le docteur David McClelland a pu comprendre un peu mieux cette réalité. Il a fait visionner des films de mère Teresa à des collégiens. Le simple fait, pour les étudiants, de voir des bonnes actions se dérouler sous leurs yeux a provoqué dans la salive de certains une augmentation de substances protectrices. Par contre, chez les étudiants ayant tendance à contrôler les autres, il y a eu une incidence plus élevée d'infections respiratoires. «Les gens dominateurs produisent plus d'adrénaline», a conclu le Dr McClelland. Cette substance, ajoutée au stress, réduit l'activité du système immunitaire. Voilà donc confirmée la Règle d'or.

Donner, c'est recevoir

Selon la loi des affaires, nous perdons ce que nous donnons. Cependant, selon la règle de l'amour, nous nous donnons ce que nous donnons. L'amour inconditionnel pour chacun, sans rien attendre en retour, fait que nous recevons lorsque nous donnons. Il est faux de croire que l'on peut se donner autre chose que ce que l'on donne à autrui et vice versa.

Renoncer à ses pensées négatives

En modifiant ma façon de penser, je modifie le monde qui m'entoure. Le monde m'apparaît comme je le perçois dans mon cœur. Si j'ai des pensées négatives ou agressives envers les autres, ces pensées sont en fait dirigées contre moi-même. Je me donne ce que je donne. Il n'arrive à l'être humain que ce qui lui ressemble. Les gens renvoient l'image qui leur est offerte. Alors «Aimez les gens et ceux-ci vous aimeront.»

Seul compte le moment présent

«Si vous ne devenez pas comme des petits enfants, vous n'entrerez pas dans le Royaume des cieux» (Mt 18, 3).

Les petits enfants ont cette caractéristique de ne pas avoir une idée du passé ni de l'avenir. Ils vivent le moment présent. Celui ou celle qui s'attache aux expériences négatives du passé et projette ce passé dans l'avenir se fait du mal. Le passé et le futur n'existent pas. Ils sont la création du mental. Le moment présent est le seul qui soit réel.

Le passé malheureux remémoré dans notre esprit crée un futur possiblement malheureux. Lorsque nous pensons que quelqu'un nous a fait du mal dans le passé, nous nous construisons des défenses pour nous protéger dans le futur. Que d'énergie perdue inutilement! C'est en regardant le présent, sans le juger avec les yeux du passé, que nous arrivons à ne plus être affectés par celui-ci.

«Je suis celui qui suis» (Exode 3, 14). C'est donc en vivant l'instant présent que je me libère de toutes les douleurs et les souffrances passées.

La vie a-t-elle un but?

1. Il y a dans le monde une tentative de suicide à chaque 40 secondes, selon l'Organisation mondiale de la santé (2014). Le Canada a compté 3 926 suicides en 2012.
2. Pourquoi donc y a-t-il si peu de personnes heureuses dans notre monde?
3. Pourquoi la déprime ronge-t-elle tant de personnes?
4. La vie a-t-elle un but? Pourquoi vivre et mourir?

La plupart des gens traversent leur vie sans but. Un but à atteindre fixe la volonté et développe un caractère moral et spirituel. Avez-vous un but dans votre vie? Quel est le but de votre vie?

Pour atteindre un but, il faut se préparer. Celui qui veut la paix prépare la paix. Une personne sans but n'accomplit rien. Le poisson mort peut flotter et descendre la rivière, mais, pour la remonter, il faut être vivant.

La vie est faite de risques, de revers et d'échecs. Il faut avoir de la ténacité. Il faut savoir où l'on va, telle est la règle par excellence.

31 pensées constructives

1. Grâce à une énergie spirituelle, certains malades améliorent leur état.
2. Les pensées désagréables suscitent des désagréments. En réalité, nous créons notre malheur. C'est quand nous avons le cafard que surviennent nos malheurs.
3. Les suggestions négatives perdent de leur valeur dès que nous en connaissons l'origine.
4. Laissons à chacun la responsabilité de ses sentiments et il deviendra son propre médecin.

5. L'autosuggestion par la force mentale peut éliminer le stress.
6. La connaissance du fait que nous provoquons nous-mêmes nos maladies mentales (peur, crainte, insécurité) peut nous aider grandement à nous guérir seuls.
7. La pensée positive crée en nous un climat positif et propice à la détente.
8. Chacun des quatre grands aspects de l'être (physique, psychologique, social et spirituel) est à développer.
9. Aucun être humain ne peut se dire adulte s'il n'a pas appris à maîtriser son stress.
10. Un rythme épuisant crée le stress et nos activités ne sont pas assez orientées dans le sens de la relaxation et de la détente.
11. Notre façon de vivre fait de nous des êtres tendus et nerveux. Pour nous détendre, elle nous oriente plutôt mal vers les médicaments, l'alcool, la drogue, *etc.*
12. La cause du stress n'est pas ce qui est extérieur à nous, elle est plutôt notre réaction face aux événements.
13. Le stress signifie que nous ne savons pas réagir d'une façon convenable aux réactions morales.
14. Nous n'avons aucun pouvoir sur les événements quotidiens; nous avons cependant la maîtrise de nos mécanismes intérieurs de défense et de contrôle.
15. Si nous ne trouvons pas la paix en notre cœur, nous ne la trouverons pas ailleurs.
16. Nous récoltons ce que nous semons en pensée; les gens reflètent ce que nous leur envoyons.
17. Notre façon d'accueillir positivement les événements crée en nous un calme profond.

18. Les gens qui parlent constamment de leurs maladies et de celles des autres sont les auteurs de leurs propres malheurs.
19. Nous pouvons orienter notre force mentale vers les choses positives et agréables.
20. Vivons et laissons vivre les autres, et profitons-en.
21. Tous les médicaments imposent un énorme fardeau à l'organisme et ils le traumatisent.
22. La seule privation de caféine et de cigarettes atténue le stress.
23. La qualité de nos images intérieures influence notre façon de voir les autres et la vie.
24. Il faut avoir à l'esprit que des pensées positives ouvrent la porte à la détente et à la paix intérieure.
25. On devrait s'accorder tous les jours une courte période de relaxation; cela rehausse l'estime de soi.
26. Plutôt que d'emmagasiner dans notre esprit des images négatives, cultivons notre esprit de pensées saines et positives.
27. Tenons des propos de bonté et de succès. Redressons les épaules, levons la tête et tendons la main avec assurance, car nous sommes uniques, donc importants.
28. Nous agissons comme nous pensons.
29. Croyons au succès et la vie nous sourira.
30. Ce n'est pas se prendre pour un autre que de se trouver unique et important.
31. On ne parle que de soi, car, en jugeant l'autre, on se juge.

Les dix commandements de la guérison

1. Cherchez et obtenez de l'aide.
2. Faites de votre guérison une priorité en tout temps.
3. Trouvez-vous un groupe de soutien composé de personnes compréhensives.
4. Développez votre vie spirituelle par la pratique du moment présent.
5. Cessez de diriger et de contrôler les autres et prenez l'entière responsabilité de ce qui vous arrive.
6. Apprenez à ne pas vous laisser prendre au jeu du défaitisme ou de l'échec.
7. Envisagez courageusement vos problèmes et défauts, car vous êtes un simple humain.
8. Voyez votre situation actuelle comme une étape de croissance en partant d'où vous êtes.
9. Changez dans votre vie les choses que vous pouvez changer et uniquement celles-ci.
10. Revenez à l'origine divine de votre être et confiez le résultat et les succès de votre croissance à la Providence.

«Faites cela et vous vivrez.»

Ne te laisse pas duper

Ne te laisse pas duper, ne te laisse pas duper par mon apparence, car je me cache sous une multitude de masques, masques que je crains d'enlever. Aucun d'eux ne révèle mon vrai visage. Feindre est un art et ça m'est devenu une seconde nature, mais ne te laisse pas duper; pour l'amour de Dieu, ne te laisse pas duper.

Je donne l'impression d'une très grande sécurité, qu'en moi tout est ensoleillé et tous les obstacles surmontés, aussi bien en-dedans qu'au dehors; que mon être est assurance et sérénité, ma marque de commerce; que je vogue sur une mer tranquille, que je suis maître à bord et que je n'ai besoin de personne. Mais je t'en prie, ne me crois pas.

Par mon allure, je peux donner l'impression de quelqu'un qui vit sans agitation, mais je me cache toujours derrière les mêmes masques et, à l'intérieur de moi, il n'est aucune satisfaction.

Derrière tout cela se cache vraiment celui que je suis, traqué par la confusion, la peur et l'isolement. Je ne veux pas qu'on le sache et je m'enfonce de plus en plus. Je prends panique à la pensée que ma faiblesse et ma peur puissent être découvertes. Voilà pourquoi je me crée désespérément des masques, tantôt nonchalants, tantôt recherchés, pour laisser croire que j'échappe aux regards perçants de ceux qui pourraient me saisir.

Cependant, un tel regard serait mon salut, et je le sais bien, à condition qu'il soit porteur d'accueil et d'amour. C'est le seul chemin qui me permettra de croire en mes richesses.

Mais je ne vous dis pas cela! Je n'ose pas. J'ai trop peur de le faire. J'ai peur de ton regard s'il n'est porteur d'accueil et d'amour. J'ai peur que tu me déprécies, que tu me ridiculises et que ta moquerie me tue. J'ai peur qu'au plus profond de moi il n'y ait rien, que je sois sans valeur et que, voyant cela, tu me rejettes. Alors, je fais comme si... désespérément, affichant extérieurement une grande assurance, mais vivant intérieurement la fragilité de l'enfant.

C'est ainsi que commence la parade des masques et ma vie devient vaine. Je te garde à distance avec les mots mielleux d'une conversation stérile. Je te parle de tout ce qui ne compte pas et je ne te dis rien de ce qui est le plus important: de ce qui pleure au plus profond de moi. Aussi, quand je me laisse aller à ce jeu, ne te laisse pas duper par mes paroles. Je t'en prie, écoute attentivement et essaie d'entendre ce que je ne dis pas, ce que j'aimerais être capable de dire, mais ce que je ne peux dire.

En toute honnêteté, je n'aime pas camoufler. Je déteste ce divertissement superficiel que je me prends à jouer. Faux et coûteux divertissement! J'aimerais vraiment être authentique, spontané, **moi-même** et, pour y arriver, j'ai besoin de toi. Tu dois faire les premiers pas, être invitant, même si je donne l'impression que c'est la dernière chose que je semble désirer. Il n'y a que toi qui puisses m'appeler à la vie! Chaque fois que tu es bon, gentil, encourageant, chaque fois que tu essaies de comprendre, parce que je compte sur toi, mon cœur se découvre des ailes; des ailes très petites et très faibles, mais des ailes.

Par ta sensibilité, ta sympathie, ta grande compréhension, tu peux faire germer la vie en moi. Je veux que tu le saches. Je veux que tu saches quelle importance tu as à mes yeux. Toi seul peux faire tomber le mur derrière lequel je gémis. Toi seul peux enlever mon masque. Toi seul peux me sortir de mon repliement sur moi. Ne m'évite pas, je t'en prie, ne m'évite pas.

Ce ne sera pas facile pour toi. Se convaincre petit à petit qu'on ne vaut rien élève des murs solides. Je me bats précisément contre ce que je désire ardemment. Mais on me dit que l'amour est plus fort que les murs, et c'est en cela que je mets mon espérance. De grâce, démolis fermement ces murs, mais dans la tendresse. Tu sais, un enfant, c'est très fragile!

Tu dois te demander qui je suis? Je suis quelqu'un que tu connais très bien. Je suis chaque homme que tu rencontres et je suis chaque femme que tu rencontres...

Traduction libre
d'un auteur inconnu

Suis-je honnête avec moi-même ?

Honnêteté ou malhonnêteté, voilà la différence...

Nombreuses sont les personnes «mal dans leur peau». Vous rencontrez ces innombrables gens qui semblent vivre «tout croche» en dedans d'eux. Aucun remède ne peut les guérir. Ceux et celles qui ne sortent pas de leurs malheurs, ou qui ne se rétablissent pas, sont des individus qui ne peuvent pas ou ne veulent pas s'adonner à un simple programme, à savoir, celui de l'honnêteté envers eux-mêmes. Ce sont des femmes et des hommes malheureux, ils n'ont pas encore compris que «la vérité rend libre».

Sans les juger, ces gens sont naturellement incapables de saisir et de développer une façon de vivre qui demande une rigoureuse honnêteté. Alors, vous les verrez passer d'une thérapie à l'autre, d'un spécialiste à l'autre, d'une pilule à l'autre; rien ne semble les placer sur le chemin du bien-être intérieur. Ils vivent dans un perpétuel tiraillement. Il y a ceux et celles qui souffrent de graves désordres émotifs, sexuels et mentaux; mais plusieurs d'entre eux se rétablissent s'ils pratiquent une rigoureuse honnêteté envers eux-mêmes d'abord, et ensuite envers les autres. La règle du diagnostic est simple: si vous avez une attitude honnête, vous vous sentirez bien en tout temps, en tout lieu et avec tout le monde. Par contre, si votre attitude face à la vie est fausse, vous vous sentirez mal en tout temps, en tout lieu et avec tout le monde, c'est-à-dire que votre façon de vous sentir vous révèle à la qualité de votre honnêteté. Vous voulez être bien? Oui? Alors, pratiquez l'honnêteté. Ne vous racontez pas d'histoires. Ne faites pas de faux rêves. Soyez vrai! Comme il arrive à l'être humain selon sa vérité, faites de l'honnêteté la première règle de votre vie!

La dysfonction : source de nos malaises

Depuis une dizaine d'années, je me ressource au contact des groupes anonymes: AA, EADA, AEA, ANA, *etc.* Pour écrire ce chapitre, j'ai puisé ma philosophie aux sources de ces mouvements, surtout au contact des EADA, c'est-à-dire Enfant-Adulte de famille Dysfonctionnelle ou Alcoolique.

Premièrement, j'aimerais vous dire que je n'ai pas encore rencontré une personne fonctionnelle à 100%, même pas à 90%. Je suis donc un enfant-adulte dysfonctionnel. Cependant, j'apprends jour après jour à être plus fonctionnel. Qu'est-ce que la dysfonction?

La dysfonction se manifeste comme un manque d'harmonie intérieure, une faiblesse dans nos relations avec nous-mêmes, les autres et Dieu. Les signes particuliers d'une personne dysfonctionnelle me semblent d'abord être la difficulté à dire «non», la peur de déplaire et d'être rejeté si l'on refuse à l'autre quelque chose qu'il nous demande. En d'autres mots, on dit «oui» quand on aurait le goût de dire «non», on dit des choses et on fait le contraire. Il y a une grande distance entre ce que le dysfonctionnel voudrait être et ce qu'il est. La personne obèse voudrait être mince, mais elle agit d'une façon différente; la personne nerveuse désire le calme, mais elle se donne un mode de vie agité. Le pauvre voudrait être riche, mais il est incapable de faire des économies. Déjà, au premier siècle de notre ère, saint Paul souffrait de sa dysfonction: «Ce que je fais, je ne le comprends pas, car je ne fais pas ce que je veux, mais je fais ce que je hais» (Épître aux Romains, ch. 7-15). Une autre caractéristique du dysfonctionnel, c'est l'obsession du comportement des autres. Elle se manifeste dans l'expression courante: «Qu'est-ce que les autres vont dire?» Il y a aussi un besoin de paraître, ce qui fait que plusieurs personnes vivent au-dessus de leurs moyens et s'endettent.

La peur de dire «non»

Au terme de leur vie, certaines personnes ont le sentiment d'avoir été abusées et exploitées. Il y a cette belle-mère qui ne sait pas dire non à cette jeune femme qui, chaque vendredi soir, arrive chez elle pour faire garder sa fille. Il y a ce père qui met sa maison en garantie pour son fils qui veut partir en affaires; cette mère de famille monoparentale qui, contre sa volonté, accueille la conjointe de son fils incapable de se payer un loyer à cause de ses dépenses exagérées.

Ne pas savoir dire «non» peut avoir des conséquences néfastes. Si l'on ne prend pas sa place, personne ne le fera pour soi. Alors on accumule du ressentiment à force de dire oui lorsqu'on veut dire non. Un jour, on fera des colères pour une peccadille et des malaises physiques apparaîtront. Pour apprendre à dire non, il nous faudra retrouver notre estime de soi et non de l'égoïsme, comme on semble trop le croire. Ce qui est pire encore, comme il est incapable de dire non, ce même individu dysfonctionnel se sent très frustré émotivement quand on lui dit non ou lorsqu'il est oublié, ou qu'il reçoit de l'indifférence de la part des autres.

Cinq portraits dysfonctionnels

Voici cinq portraits différents que peuvent vivre les personnes dysfonctionnelles.

Le sauveur

Au sens où nous l'entendons, le sauveur n'est pas quelqu'un qui simplement aide les autres. Ici, sauveur désigne ceux chez qui leur image de soi et leur estime de soi se fondent sur le nombre de gens aidés. Ils trouvent leur valorisation dans une multitude d'actions. Très souvent, les agents de pastorale de type dysfonctionnel entrent en compétition avec ceux des paroisses voisines. Les sauveurs sont des arrangeurs classiques, des dépanneurs immédiats. Présentez-vous à un sauveur avec vos problèmes et il va les «arranger», les résoudre pour vous. Les sauveurs trouvent difficile de laisser les autres prendre leurs propres décisions. Ce sont des gens qui se portent volontaires pour tous les comités. Ils ont besoin que les autres dépendent d'eux. Les sauveurs vivent de «paternalisme» ou de «maternalisme», mais quand ils n'obtiennent pas ce qu'ils veulent, ce sont des gens qui boudent, qui ont de la difficulté à admettre leurs erreurs. Vous sentez-vous utilisé et maltraité? Sentez-vous qu'on abuse de vous? Si oui, vous êtes un «sauveur».

L'obséquieux

Ce type incapable de dire non, nous l'appelons un obséquieux. Il pense que la colère n'est pas bonne. Il a appris que la colère est associée à la violence. Alors il refoule ou tourne sa colère contre lui-même. C'est un «refouleur». L'obséquieux se fait souffrir, et parfois en vient à la dépression, à la maladie. L'obséquieux réclame rarement ses droits, ne s'affirme pas, ne communique pas ses besoins, refoule ses émotions; ce qui le rend confus ou apathique. Dans un conflit de travail, quand l'obséquieux ne peut pas résoudre le problème, alors, dans le silence, il prie afin que ses collègues soient transférés. (...) Évitez-vous les confrontations? Prétendez-vous que les choses de la vie ne vous dérangent pas? Alors, vous êtes de la catégorie des obséquieux.

Le martyre

Le martyre tire son estime de soi de sa capacité à souffrir plus que les autres. Plus il souffre, plus il se sent aimé de Dieu, et plus il mérite l'amour de Dieu et des autres. Les martyres sont incapables de faire quelque chose pour eux-mêmes parce qu'ils se sentent coupables; ils ne peuvent pas tenir la première place dans leur propre vie. Le martyre tente de culpabiliser les autres: *Comment peux-tu être heureux alors que, moi, je souffre tant?* C'est une personne contrôlante qui verbalise la moindre petite souffrance, parle avec aisance de ses peines, jamais de ses joies. Si vous avez l'habitude de souffrir en vous entourant de gens qui vous blessent, vous déçoivent ou vous rendent malheureux, vous êtes un martyre.

Le travailleur acharné

Un dépendant au travail ne peut pas se tourner les pouces, il ne peut surtout pas avoir des loisirs. Il a appris dans sa famille d'origine ou religieuse que le travail est la mesure de sa valeur humaine. Le travailleur acharné est une nouvelle forme de martyre, car il ne prend jamais le temps de s'arrêter, de s'amuser ou de se faire plaisir. Si votre vie ressemble à une succession de tâches ingrates et de dur labeur, vous êtes un travailleur acharné, donc dysfonctionnel.

Le perfectionniste

L'image de soi du perfectionniste est fondée sur la nécessité d'être parfait. Le degré de réussite n'est jamais assez élevé; il n'est jamais satisfait de ce qu'il fait ou de ce que font ses collaborateurs. Les perfectionnistes sont remplis d'attentes et souhaitent que vous soyez parfait. Comme la perfection n'est pas de ce monde, les perfectionnistes sont des gens malheureux. Peu importent les progrès obtenus, ce n'est jamais assez pour eux.

✯

Nous terminons ici en disant que l'important, c'est d'être honnête avec soi-même et d'être ce que nous sommes : de simples humains, à la fois bons et méchants et, surtout, enfants bien-aimés du Père.

✯

Les faiblesses du dysfonctionnel

Parmi les faiblesses de la personne dysfonctionnelle, nous pouvons retrouver ces divers traits :

Les attentes

Le dysfonctionnel a beaucoup d'attentes. Comme il se dévoue démesurément pour les autres, il attend autant de reconnaissance à son égard. Alors, devant tant d'indifférence, il est souvent frustré. Sa frustration est proportionnelle à l'intensité de ses attentes. La règle d'or du dysfonctionnel serait celle-ci : donnez sans attendre en retour; trouvez votre plaisir dans le seul fait de faire du bien; vivez et laissez vivre.

L'anxiété

Plus que toute autre personne, le dysfonctionnel éprouve de l'anxiété de façon exagérée. Il est donc sujet à toutes sortes de peurs et de craintes non fondées.

La dépendance

Le dysfonctionnel est très dépendant des autres; cette dépendance est provoquée par son immaturité. De plus, il éprouve une grande hostilité envers sa source de dépendance. Malgré tout, il préfère se vivre comme un enfant plutôt que de faire face à la rupture avec la source de sa dépendance.

Le dépannage

Comme le dysfonctionnel a de la difficulté à dire non, il est un spécialiste du dépannage qui trouve sa valeur dans le nombre d'actions posées.

L'hypersensibilité

La personne dysfonctionnelle est portée à l'exagération dans toutes ses relations interpersonnelles. Elle est facilement blessée et garde en elle-même ses sentiments de vexation qui sont à la base de son ressentiment.

L'impulsivité

Le niveau de tolérance du dysfonctionnel est très faible, alors ses réactions sont impulsives. Quoi qu'il fasse, il faut que ce soit maintenant.

Tout chez lui est fait avec une grande intensité, ce qui le laisse épuisé émotivement. Il est un peu comme le renard des fables de La Fontaine: il donne le maximum d'efforts jusqu'au moment où son intérêt disparaît.

L'isolement

Le dysfonctionnel est un être solitaire. Pour survivre, il faut qu'il s'éloigne de la société afin de reprendre son souffle. Comme la société n'accepte pas son retrait, cela lui cause des ennuis. Il a peu d'amis sincères et permanents.

Le perfectionnisme

Le dysfonctionnel se fixe des objectifs si grands qu'il lui est impossible de les atteindre. Étant idéaliste, il éprouve des sentiments de défaite et de culpabilité pour lesquels il doit chercher un soulagement. Ses capacités sont souvent au-dessus de la moyenne.

Les pensées illusoires

Le dysfonctionnel est passé maître dans le domaine d'arranger les choses de façon à ce qu'elles lui paraissent raisonnables. Pour se justifier, il rationalise tout.

La grandeur

Bien qu'il projette une belle image de lui-même, le dysfonctionnel vit sous le poids du complexe d'infériorité. Sous une apparence de grandeur, il cache une grande fragilité.

La tolérance

La tolérance est la capacité d'endurer tout genre d'inconvénient ou de souffrance pour un temps prolongé. Le dysfonctionnel est intolérant face aux comportements des autres et aux circonstances défavorables de la vie. C'est le trait le plus commun des dysfonctionnels.

✯

Il suffit d'avoir l'une ou l'autre des caractéristiques ou faiblesses suivantes pour vous classer dans la catégorie des gens dysfonctionnels. Un seul de ces modèles vous vaudra le diplôme du dysfonctionnel. Selon EADA, il y aurait au moins seize traits qui caractérisent les dysfonctionnels.

1. Le dysfonctionnel se sent isolé et mal adapté dans ses relations avec les autres. De plus, il est incapable d'accorder sa confiance à ses proches ou aux représentants de l'autorité.
2. Le dysfonctionnel a tendance à vivre dans la déprime, voire même la dépression.

3. Le dysfonctionnel se sent coupable lorsqu'il prend sa place. Par contre, il s'efforcera d'aider les autres, même à son détriment.
4. Le dysfonctionnel a un profond sentiment de rejet dû à son manque d'estime de soi.
5. Le dysfonctionnel a besoin d'approbation pour sentir qu'il fait des choses valables.
6. Le dysfonctionnel a tellement peur de la colère des gens qu'il sera porté à cacher la vérité pour ne pas être puni.
7. Le dysfonctionnel a appris que l'amour est conditionnel; c'est pourquoi il a peur de faire confiance aux autres et il doute de lui-même.
8. Le dysfonctionnel a de la difficulté à établir des relations intimes. Comme il est incapable de formuler ses demandes et ses besoins, il se retire lorsqu'une amitié est menacée.
9. Le dysfonctionnel cherche continuellement à aider les autres. Il est tellement préoccupé par les autres qu'il gravite autour des gens qui ont besoin de lui. Lorsque le besoin cesse, il perd contact.
10. Le dysfonctionnel a vécu des situations douloureuses durant son enfance. Pour les oublier, il nie ses émotions présentes parce que cela lui paraît moins douloureux.
11. Le dysfonctionnel a appris à affronter les tensions de son enfance. Malgré cela, il tente de recréer le même type de situations pour retrouver la surexcitation et les émotions fortes vécues dans sa famille d'origine. Il répète même ce qui l'a fait le plus souffrir. Le battu deviendra batteur à son tour et l'agressé deviendra agresseur. C'est pourquoi nous disons que la dysfonction est une maladie qui se transmet de génération en génération.

12. Le dysfonctionnel semble incapable de se détendre, de s'amuser et de lâcher prise.
13. Le dysfonctionnel est intolérant, d'une part, face aux critiques personnelles. D'autre part, il supporte mal les compliments tout en développant une attitude critique négative envers lui-même et les autres.
14. Le dysfonctionnel s'attache aux gens qu'il peut sauver et aime les individus qui lui témoignent de la pitié. Cela l'amène à devenir victime des rôles qu'il joue pour survivre.
15. Le dysfonctionnel est compulsif et obsessionnel. Alors il choisira un conjoint ayant un comportement compulsif comme l'abus d'alcool, de médicaments, de drogues. Il peut aussi devenir un travailleur acharné, désordonné face à la nourriture ou au sexe, ou encore il deviendra lui-même victime de ces mêmes dépendances.
16. Le dysfonctionnel est une personne dépendante qui a une peur terrible de l'abandon. Il fera n'importe quoi pour maintenir une relation, fut-elle un enfer, pour ne pas vivre la douleur d'être abandonné. Il est conditionné à vivre ce genre de relations tendues ou ratées parce qu'elles correspondent aux relations établies dans son enfance au sein d'une famille dysfonctionnelle.

D'OÙ VIENT LA DYSFONCTION ?

La dysfonction est un comportement appris dès le jeune âge. Elle prend racine dans la famille. Celui qui a vécu dans une famille névrosée par l'argent, la propreté, l'alcool, le sexe, les disputes verbales, la violence physique, les médicaments, le travail acharné, la peur ou l'absence de communication est devenu dysfonctionnel.

La culpabilité : une émotion meurtrière

La culpabilité, nous la vivons tous à un moment ou l'autre de notre vie. En voici quelques exemples :

Nos vétérans

Il n'y a aucun sentiment plus destructeur que celui de la culpabilité. Pendant près de dix ans, j'ai eu le plaisir de travailler auprès de vétérans canadiens hospitalisés pour soins prolongés.

Avec le temps, j'ai compris pourquoi les vétérans parlent si peu de leurs expériences des champs de bataille. Après quarante ans ou plus, ils luttent encore contre les douleurs physiques, psychologiques et spirituelles dues aux conséquences de la guerre. J'ai pris conscience que l'une de leurs grandes douleurs et la plus profonde est la culpabilité. Beaucoup plus que de médicaments, ils ont besoin de conseillers qui puissent les aider à sortir de leur sentiment morbide de culpabilité et les aider à pardonner.

Les animaux ne se sentent pas coupables

Les pages suivantes tenteront de vous faire comprendre ce qu'est la culpabilité et comment s'en sortir.

Les animaux ne possèdent pas le sentiment de culpabilité. Le sentiment de culpabilité est un grand mystère et n'affecte que les humains. Il n'y a pas de thérapie unique pour aider les gens à surmonter leur culpabilité. Il y a autant de méthodes que de victimes. Médecins, prêtres, thérapeutes ne peuvent pas fermer les yeux sur cette horrible maladie de l'âme. Ils doivent s'en occuper à chaque jour, tout comme les psychologues.

Qu'est-ce que la culpabilité?

Le dictionnaire définit la culpabilité comme étant un sentiment de honte et de remords. La culpabilité est le mal qu'une personne se donne pour se punir d'avoir refusé de faire plaisir à quelqu'un. Elle est une réaction subjective aux pensées et aux comportements qui nous habitent. Se sentent coupables les gens qui ne s'aiment pas, se condamnent et se détruisent. Ce sont des individus écrasés sous le poids de leurs propres jugements défavorables. La vie leur apparaît comme une prison sans issue. Ils se croient méchants et se sentent rejetés par la société et Dieu.

Regard théologique

La culpabilité est autant un problème théologique que psychologique. Il est donc aussi important d'avoir une perspective biblique que psychologique de la culpabilité. Dans Proverbes 28, 17, nous lisons: «Un homme poursuivi pour meurtre fuira jusqu'à la tombe. Ne le touchez pas.» Même si cette présentation biblique réfère à des crimes graves comme le meurtre, les effets de la culpabilité se font aussi sentir pour les fautes de moindre importance. En autant que l'homme s'éloigne de Dieu, il n'y a pas de guérison sans un ajustement à la volonté de Dieu. En nous rapprochant de Dieu, c'est lui-même qui nous aide à régler la note du mal qu'on a causé aux autres.

Le Roi David, cet assassin

Dans le Psaume 61, David exprime ses moments de culpabilité et cherche le repentir. David est un homme blessé, écrasé sous le fardeau de sa faute. Cependant, il ne resta pas à croupir sous le poids du remords. Il fut même promu à une amitié nouvelle avec Dieu. Malgré son horrible meurtre, comment a-t-il pu retrouver la paix de l'âme? Nous trouvons la réponse dans le Psaume 32, aux versets 4-5: «La nuit, le jour, ta main pesait sur moi; mon cœur était changé en un chaume au plein feu de l'été.

Ma faute, je te l'ai fait connaître, je n'ai point caché mon tort. J'ai dit: *J'irai vers Yahvé confesser mon péché. Et toi, tu as absous mon tort, pardonné ma faute.*»

Le grand secret de David fut de se tourner vers Dieu et de recommencer à neuf. Il n'est pas surprenant qu'il ait pu écrire ce verset: «Tu es pour moi un refuge, de l'angoisse tu me gardes, de chants de délivrance tu m'entoures» (Ps 32, 7). Dieu rétablit David légalement et émotivement en le libérant de sa culpabilité. Sa guérison fut complète. La culpabilité est une réalité humaine. Nous nous sentons coupables de briser les lois, tant humaines que divines. «Aurait-on observé la Loi tout entière, si l'on commet un écart sur un seul point, c'est du tout qu'on devient justiciable» (Jc 2, 10).

Dieu libère

Dans une perspective théologique, Dieu n'a pas l'intention de nous garder sous le joug de la culpabilité. Au contraire, son grand désir est de nous en libérer. Jésus leur répondit: «En vérité, Je vous le dis, tout homme qui commet le péché est un esclave. Or, l'esclave n'est pas pour toujours dans la maison, le fils y est pour toujours. Si donc le Fils vous affranchit, vous serez réellement libres.» Pour nous, aidants, il est d'une extrême importance de faire connaître aux gens coupables l'enseignement biblique au sujet de la culpabilité. On a besoin d'être libéré et seule la perspective évangélique nous renvoie à cette complète libération dans une nouvelle relation christocentrique.

Approche psychologique

Se guérir de sa culpabilité n'est pas une chose aisée en soi. Il n'y a aucun traitement chimique efficace. Alors, me direz-vous, s'il n'y a aucune cure spécifique au point de vue psychologique, quelles options pouvons-nous envisager? Au cours des cinquante dernières années, on a vu apparaître de nombreuses solutions. En voici quelques-unes:

• COUPER LA RACINE

Parmi les options psychologiques, nous trouvons celle de couper la culpabilité à sa racine. Il s'agit de convaincre les gens qu'ils ne sont pas vraiment coupables. On les amène à croire qu'il n'y a aucune faute à violer les lois. Également, on prône que tout ce qui est légal est bon en soi. Éliminez la conscience et désensibilisez les gens à tout ce qui peut être la cause de leur culpabilité.

• UNE FORCE SUPÉRIEURE

Une autre option est celle de convaincre les individus coupables que la personne humaine est plus forte que le sentiment de culpabilité qui l'habite.

• ÉVITER LA PUNITION

La troisième option est celle d'éviter la punition à tout prix. C'est le «Pas vu, pas connu…» Évitez de vous faire prendre. Si vous réussissez cela, vous ne vous sentirez pas coupable.

• LE PARDON

Une quatrième option encourage le pardon de soi et des autres. Dans cette perspective, si vous êtes en accord avec vous-même et avec les autres, vous devez être libéré de votre culpabilité.

☆

Ces options sont faciles à présenter, mais, dans le contexte de la vie, ça ne se passe pas aussi facilement. La notion du pardon de soi et des autres est d'une importance capitale. Cependant, elle ne donne pas une assurance certaine. L'offensé peut toujours punir l'offenseur. Aussi, la victime de la culpabilité peut toujours se pardonner à elle-même. Dans les deux cas, la culpabilité n'est pas complètement éliminée.

Avant de continuer, je voudrais vous dire que je suis conscient que l'explication des quatre options psychologiques que je vous ai présentées, étant donné l'espace, vous paraîtront peut-être caricaturées, mais j'espère que les lignes suivantes éclaireront votre compréhension.

Les deux perspectives

Seul le thérapeute chrétien peut présenter un pardon total venant de la part de Dieu. Cette affirmation en est une de foi; de cette foi en un Dieu miséricordieux. La perspective biblique peut être avantageusement intégrée à d'autres options psychologiques. Ceux et celles qui comprennent les bases bibliques du pardon peuvent les combiner aux autres perspectives humaines.

Une meilleure compréhension

Une fois comprise l'attitude de Dieu et son Amour infini envers le pécheur, on peut mieux saisir le potentiel humain (voir *Une force supérieure*, p.73), mieux être libéré de la peur de la punition (voir *Éviter la punition*, p.73), pardonner et pardonner aux autres (voir *Le pardon*, p.73) et aussi se désensibiliser au péché (voir *Couper la racine*, p.73).

Une fois qu'on est assuré du pardon de Dieu, la faute est moins lourde à porter. Avec l'aide de la foi, la perspective psychologique peut devenir très efficace. Vouloir se libérer de la culpabilité en faisant fi de la dimension spirituelle, c'est faire face à une très grande déception possible.

Désordres psychologiques

La culpabilité n'existe pas seule. Elle est liée à d'autres problèmes psychologiques. Aider les gens à ne pas se laisser briser par la culpabilité devrait être une préoccupation constante pour l'aidant, qu'il soit croyant ou non. Parce que la culpabilité est reliée à d'autres désordres humains, le thérapeute, le psychologue, le prêtre ou tout autre spécialiste de la relation d'aide se doit d'être très aux aguets de ce mal sournois qui habite les gens en recherche d'un mieux-être.

Problème majeur

Dès les premières semaines au service des vétérans hospitalisés, l'un d'eux me dit ceci: «Vous devez savoir que l'un des problèmes majeurs des vétérans, c'est le sentiment de culpabilité. Seuls, nous ne pouvons pas nous en sortir.» Avec les années, j'ai compris que la culpabilité était un facteur important chez les personnes qui viennent me voir pour recevoir de l'aide.

La culpabilité a des alliés

La colère en particulier et d'autres émotions désagréables sont très souvent rattachées à la culpabilité. La colère peut devenir une protection, un moyen de fuir une relation interpersonnelle. Pour éviter d'être en relation, le colérique éclate quand vous vous approchez de lui. Il ne sait pas trop pourquoi il se met aussi facilement en colère. Il comprend encore moins pourquoi les gens autour de lui l'évitent.

Les gens victimes de la colère et de la peur devront travailler leur culpabilité et leur sentiment d'échec s'ils veulent rétablir une relation valorisante.

Changements d'humeur

Les humeurs instables, les irritabilités qui surviennent à la moindre contrariété sont liées au sentiment de culpabilité. Alors, quand la culpabilité fait surface, la victime se sent mal, d'une part, et c'est la déprime. D'autre part, ne pouvant plus soutenir cette malheureuse sensation, elle se stimule et décide de ne plus regarder en arrière, d'être heureuse et de se ficher des qu'en-dira-t-on. Elle se dit que tout est revenu à la normale. Comme les roses ne durent qu'un moment, la culpabilité refait surface et voilà la victime versée de nouveau dans la déprime.

La négation

Cette loi bien connue, Action-Réaction, est très visible dans la sphère de la culpabilité. Parce que ça fait trop mal, les gens culpabilisés à l'extrême ont tendance à nier les causes réelles de leur culpabilité. Ils se disent que ce n'est pas grave, qu'ils sauront s'en sortir et que les auteurs méritent un châtiment. Tout en niant leur culpabilité, les sujets peuvent aller jusqu'à tuer les responsables de leur mal. Ici, il est question de la culpabilité psychologique, non pas de cette culpabilité légale dont il est question dans un jugement de la cour.

Morbide ou saine

S'il y a une culpabilité morbide, il y a une saine culpabilité: celle de reconnaître ses propres torts. Tous les spécialistes du comportement humain nous diront que le manque d'une saine culpabilité – ou l'absence de conscience morale – est un problème majeur dans la recherche d'une personnalité équilibrée. Sur le plan religieux, cette absence de conscience morale élimine toute relation vraie et valorisante avec Dieu. La négation est tellement forte chez certains individus qu'on verra des parents aller jusqu'à oublier qu'ils ont agressé leurs enfants et jamais, une fois leurs agressions reconnues, oseront-ils faire amende honorable.

Spirituelle autant que psychologique

Toute approche d'une thérapie globale concernant la culpabilité doit comprendre autant l'approche théologique que psychologique. La personne humaine est beaucoup plus spirituelle que psychologique. Nous sommes à la fois corps, cœur, âme et esprit. Une fois que les besoins de manger, de boire, de dormir, d'évacuer, de se protéger du froid ou de la chaleur sont comblés, tous les autres besoins humains sont d'ordre spirituel. Depuis toujours, toutes les civilisations ont senti que l'homme était plus que son corps. Lorsqu'un scientifique est programmé par la société technologique à ne voir que par les yeux du modèle biomédical et à n'entendre que par les oreilles de la science, nous réduisons la personne humaine à une seule partie de sa totalité. «L'âme est relationnelle dans son expression, elle se manifeste dans le dialogue et la communication à l'autre», selon Balourd Mount. Le spirituel est une dimension fondamentale et l'essence même de l'être humain. Dans ce sens, la dimension spirituelle n'est pas réduite à une appartenance religieuse.

Culpabilité réelle

La culpabilité est réelle quand une personne se sent mal après avoir fait quelque chose d'incorrect. On se sent coupable parce qu'on est responsable et qu'on a enfreint une loi humaine ou divine, ou qu'on a fait du tort à quelqu'un. On se libère de la vraie culpabilité par l'aveu; quand c'est possible, par la restitution et l'acceptation du pardon provenant de Dieu et/ou de l'offensé. Les AA résument cette démarche de libération dans leurs cinquième et neuvième étapes: «Nous avons avoué à Dieu, à nous-mêmes et à un autre être humain, la nature exacte de nos torts» et «Nous avons réparé nos torts directement envers ces personnes dans la mesure du possible, sauf lorsqu'en ce faisant, nous risquions de leur nuire ou de nuire à d'autres.» Le prophète Jésus de Nazareth nous a donné une règle fort simple: «Il y a des démons qui ne se chassent que par la prière et le jeûne.» Les AA ont élaboré dans le même sens leur onzième étape: «Nous avons cherché par la prière et la méditation à améliorer notre contact conscient avec Dieu tel que nous le concevions, lui demandant seulement de connaître Sa volonté à notre égard et de nous donner la force de l'exécuter.»

Culpabilité apprise

La culpabilité apprise a de nombreuses facettes. L'une d'elles est la honte ressentie au sujet des comportements passés. Cette honte n'est pas reliée à une faute en particulier; au contraire, elle est le résultat d'un mode de vie, d'une manière douloureuse d'envisager la vie. La culpabilité apprise, c'est la sensation de ne pas être capable de faire les bonnes choses ou le sentiment d'incompétence dans tout ce que nous faisons.

Vous vous sentez mal lorsque la police vous interpelle; vous vous sentez rejeté parce que votre belle-sœur n'a pas répondu à votre invitation ou que votre frère n'a pas assisté au baptême de votre enfant; vous vous sentez coupable de ne pas avoir rendu visite à votre patron hospitalisé, alors vous êtes victime de la culpabilité apprise. Si vous vous blâmez pour une situation désagréable ou pour un conflit quelconque qui se produit dans votre milieu, cela en est une autre manifestation.

La honte, cette impression de ne pas être à la hauteur de son idéal, est un sentiment appris dès l'enfance. Elle devient même comme une obsession d'être en règle parfaite avec Dieu, les autres ou toute autre obligation normale et inhérente à la vie humaine. Envers vos proches, la culpabilité apprise se manifeste par un sentiment d'impuissance face aux exigences passées et imposées à votre égard. Sur le plan religieux, on sent la toute-puissance de Dieu et on veut apaiser sa colère en faisant toutes sortes de choses pour être en règle avec Lui.

D'où vient-elle?

Cette culpabilité vient du jugement que je porte sur moi ou sur mes comportements. Je me rends coupable en établissant des critères inaccessibles et je me juge d'après ces mêmes critères. Dans ce sens, c'est ma façon de penser apprise dans ma famille d'origine qui me cause cette culpabilité.

Une histoire

L'humanité a son histoire, la culpabilité apprise aussi. Son histoire nous révèle qu'elle fait plus de victimes que la guerre, les accidents et la famine mis ensemble. Il n'y a aucune épidémie plus grande que la culpabilité. Tous en sont atteints, mais tous n'en meurent pas. Nous ne naissons pas coupables. La culpabilité se développe à travers notre éducation reçue au foyer, à l'école et à l'église. Nous sommes donc le résultat de notre éducation. Nous aurons donc une histoire heureuse, tragique ou violente, selon la couleur de notre éducation. Au sortir du ventre de notre mère, nous avons été déposés dans des bras qui connaissaient ou ignoraient un minimum de psychologie tant nécessaire à une saine éducation. Un sage a déjà écrit: «Dis-moi qui tu fréquentes et je te dirai qui tu es.» Dans un sens, nous devenons ce que nous mangeons, tant au point de vue psychologique, social, spirituel que physique.

Culpabilité et dysfonction

La culpabilité apprise est le fait d'un individu bloqué dans le présent à cause d'une éducation passée. Cette caractéristique est propre à la personne dysfonctionnelle. Nous sommes dysfonctionnels si nous nous sentons coupables dans le présent à cause de nos comportements passés. Ce qui rend le sentiment de culpabilité plus lourd, c'est son petit frère: «le tracas». Contrairement à la culpabilité, le tracas se préoccupe du futur.

Si être coupable, c'est être bloqué dans le présent à cause du passé, alors se tracasser, c'est hypothéquer le présent à cause de l'avenir. Peu importe que ce soit la culpabilité ou le tracas, vous serez malheureux et vivrez des émotions désagréables si vous ne vous libérez pas de ces deux tyrans. Le seul moment heureux, c'est le «présent». Vous n'avez aucun pouvoir, ni sur le passé ni sur l'avenir. Ce n'est pas parce que vous regrettez d'avoir offensé votre prochain ou Dieu jusqu'à la honte que cela changera quelque chose dans votre vie. Ce qui rend les hommes ou les femmes malheureux, ce n'est pas l'expérience du présent, mais bien la préoccupation du passé et l'anticipation du futur.

Combien de gens s'inquiètent d'événements qui pourraient leur arriver. Que vous soyez inquiet ou tracassé au sujet de votre mort possible, cela ne changera rien à la réalité. Si vous n'êtes pas condamné à mourir, l'inquiétude ne vous fera pas mourir. Si vous êtes pour mourir, le tracas ne vous empêchera pas de mourir. Si, en vous, il y a des résidus de tracas, d'inquiétude ou de culpabilité, vous devez vous mettre au travail immédiatement pour vous en sortir.

Victime de conspiration

D'une part, vous êtes probablement victime d'une conspiration, inavouée peut-être, visant à vous transformer en un individu dominé par la culpabilité. D'autre part, sans trop vous en rendre compte, vous agissez comme agent culpabilisateur envers vos enfants, vos employés, vos proches et vos fidèles. Est victime la personne à qui les éducateurs ont transmis le sentiment morbide de la culpabilité afin de la contrôler. Alors vous devenez agent culpabilisateur si vous continuez à faire ressentir aux autres ce même sentiment afin d'avoir un pouvoir sur eux.

Messages dysfonctionnels

Nés de parents dysfonctionnels, nous transmettons le message que nous avons reçu à notre entourage ou à nos enfants. Quels messages avons-nous reçus ? Quels messages envoyons-nous aux autres ?

Il y a certainement des messages d'amour, mais surtout des messages culpabilisants. Lorsque vous vous sentez ingrat, inadéquat, moins que rien, alors votre réaction émotive sera de vous culpabiliser; vous pratiquez l'autoculpabilisation. Y a-t-il sentiment plus désagréable que celui de la culpabilité ? Si vous vous sentez coupable, c'est que le sentiment vous a été enseigné; vous l'avez appris et pratiqué pour enfin le devenir.

Se désensibiliser

Pour vous aider à vous libérer de la culpabilité, prenez conscience que ce sentiment a été appris et que vous pouvez donc apprendre le contraire.

De plus, éliminez de votre entourage les collants, les négatifs et tous les agents culpabilisateurs. En général, les gens de ma génération et leurs enfants sont malheureusement devenus des machines à culpabilisation, parlant, respirant et agissant sous la poussée de la culpabilité. Allez-vous encore longtemps continuer à vivre avec ce sentiment malsain qu'est la culpabilité ? Pourquoi culpabilisez-vous les gens ? Pourquoi vous laissez-vous culpabiliser par votre entourage ?

Les gens que je rencontre acceptent d'être culpabilisés et de se sentir mal dans leur peau, tout simplement parce qu'ils croient et considèrent comme étant mal de ne pas se sentir coupables à la suite d'une erreur ou d'un péché. Certains iront jusqu'à se sentir coupables d'être beaux, riches et en santé. Pourtant, de toutes les émotions douloureuses, aucune n'est plus fausse, erronée et névrosante que la culpabilité.

Distinguer la culpabilité du passé

Les leçons du passé sont différentes du sentiment de culpabilité. Se sentir coupable, c'est être bloqué dans le présent pour un événement du passé. Ce blocage peut aller d'une légère déprime à une dépression profonde. Alors se servir des leçons du passé est bien différent du sentiment de culpabilité. Il est nécessaire de tirer des leçons de nos expériences passées pour ne plus répéter les mêmes erreurs ou comportements désagréables. Le sentiment de culpabilité est malsain en ce sens qu'il nous empêche de vivre au présent. Regretter le passé ne change rien à la réalité d'un événement subi. Se servir des expériences passées est donc tout à fait différent du sentiment de culpabilité.

Les transmissions

La culpabilité a plusieurs sources. D'une part, la culpabilité peut avoir été inculquée dès l'enfance, à l'âge des pleurs, et perdurer jusqu'à l'âge adulte. D'autre part, l'individu peut lui-même nourrir ce sentiment, ou se rendre coupable en allant à l'encontre d'une loi morale ou d'une loi civile.

Il y a aussi la culpabilité résiduelle, c'est-à-dire cette réaction affective issue des souvenirs de l'enfance. Trop souvent, les parents sont des agents culpabilisateurs au lieu d'être des éducateurs. Vous les entendez parler à leurs enfants comme ceci: «Si tu recommences, papa sera peiné; j'ai été troublé à cause de toi; tu énerves tout le monde, *etc.*» De telles phrases ont pour but de culpabiliser l'enfant afin de le soumettre ou de le rendre docile. Les adultes cherchent à gagner l'approbation des jeunes et, quand ils ne réussissent pas, ils s'emploient à les culpabiliser. Il y a également la culpabilité résiduelle qui se manifeste dans les rapports sexuels entre conjoints. Ce sont ces innombrables reproches faits à son partenaire au sujet de ses incapacités ou de son manque de performance. Tout cela est une source effarante de frustration.

L'autoculpabilité

L'autoculpabilité est ce sentiment provenant d'événements récents. On se sent coupable, non à cause de notre éducation, mais parce qu'on a enfreint une règle, une loi ou un code moral. L'autoculpabilité, c'est le fait de s'en vouloir pour cette parole brutale lancée à un ami, pour un retard à un rendez-vous, pour s'être emporté ou ne pas avoir rendu visite à sa mère malade. Dans l'autoculpabilité, la souffrance du coupable lui sert d'absolution. Il a tellement de peine d'avoir refusé de rendre un service qu'il se croit pardonné. Si l'on persiste à se servir de la culpabilité pour annihiler ses fautes, ou se faire justice, on se condamne à être malheureux dans le moment présent et dans l'avenir. Pire encore, la souffrance s'accroît avec les années.

Processus de culpabilisation

Voici comment s'imprime la culpabilité d'origine parentale. Paroles du parent à son enfant :

– Quand tu rentres tard, je ne dors pas de la nuit et, le jour suivant, je suis malade.

– Hier au souper, avec tes manières irrespectueuses, tu nous as fait honte.

– À cause de ta mauvaise conduite à l'école, ma pression monte.

– Ton refus d'obéir, mon garçon, finira par me faire mourir.

Et voici un autre dialogue culpabilisant entre une mère et son fils :

– Jonathan, on va bientôt dîner; va chercher les chaises qui sont au sous-sol.

– Attends une minute, maman, je vais terminer mon jeu vidéo avant d'y aller.

Voici le signal parental culpabilisant:

– Ne bouge pas, Jonathan, même avec mon mal de dos, je vais aller les chercher.

Et voilà que Jonathan est en train d'imaginer que sa mère trébuche dans l'escalier. Et elle ajoutera:

– Malgré ma maladie, tu me laisses monter les escaliers. Tu le sais, le médecin m'a dit de faire attention.

L'enfant sent alors monter en lui le sentiment morbide de la culpabilité. La maladie peut être un moyen que les parents emploient pour culpabiliser leurs enfants. On se sert malheureusement trop de la culpabilité afin de contrôler les enfants ou leur imposer nos normes.

Amour et culpabilité

Quand Denis arriva à mon bureau pour demander du soutien, il était au bout de son rouleau. La haine de lui-même était telle qu'il pensait à s'enlever la vie. J'ai écouté Denis des heures et des heures. Plus il partageait son ressenti, plus il se sentait libéré. Plus il parlait, plus il prenait conscience qu'il pouvait se pardonner à lui-même. Denis s'en voulait à mourir d'avoir blessé sa femme et ses enfants. Il se haïssait pour cela. Je lui fis comprendre que l'amour couvre une multitude de péchés, que l'amour de Dieu efface toute peine due aux fautes. Denis prit conscience qu'il avait été aimé de Dieu, de ses parents et de ses amis. Après quelques semaines de relation d'aide, Denis commença à s'aimer et à accepter ses limites comme étant inhérentes à sa condition humaine, qu'il était humain et qu'il n'avait pas à être parfait en tout.

Il y a une tendance, chez les croyants qui n'ont pas résolu leur sentiment de culpabilité, à surévaluer leurs fautes et à mésestimer l'amour de Dieu à leur égard. Si Denis en était rendu à ne plus vouloir vivre, c'est qu'il avait perdu toute estime de lui-même.

La pensée et la culpabilité

L'un des sentiments humains les plus dévastateurs est sans contredit celui de la culpabilité. Même si nous ne naissons pas coupables, plusieurs d'entre nous sont gênés à un moment ou l'autre de leur vie par ce sentiment morbide. Le mot *culpabilité* tire son origine du latin et signifie «caillou». Ces petits «cailloux» servaient de poids de mesure. Et quand on faussait la mesure, on éprouvait des scrupules.

Certains psychologues relient le scrupule à la culpabilité. En ce sens, la personne scrupuleuse possède en elle-même l'objet de son sentiment de culpabilité.

Éprouver des scrupules, c'est comme avoir un petit caillou sous la paupière. Cela n'empêche pas une personne de se servir de sa vision, mais la rend inconfortable et souffrante. Ainsi en est-il de la conscience qui nourrit des scrupules.

La culpabilité est souvent liée aux sentiments de colère, de ressentiment, de dépression et fait toujours référence au passé. La culpabilité nous arrache au présent et nous renvoie au passé en espérant que nous le transformions. En essayant de changer notre passé, nous croyons pouvoir nous libérer de notre culpabilité.

Ce petit caillou sur la conscience, nous espérons nous en débarrasser en travaillant sur le passé. Peine perdue! Il nous est impossible de séparer les événements passés de l'expérience vécue. Le sentiment et l'événement font partie d'une même pièce et forment l'expérience que nous en avons.

Non, nous ne naissons pas avec le sentiment de culpabilité, mais nous devenons coupables à cause de cette façon de penser reçue de nos parents, de nos éducateurs et autres. Non seulement ceux-ci enseignent-ils aux jeunes à se sentir coupables, mais, pire, ils se servent de la culpabilité pour les contrôler et obtenir ce qu'ils attendent d'eux.

Voici comment, moi, j'ai commencé à me sentir coupable. Si ma mémoire est bonne, j'étais âgé de trois ou quatre ans. Un jour, à l'occasion d'une fête de famille, je reçois un cadeau d'un oncle. Tout heureux, je cours vite dehors le montrer à mes amis. À mon retour, grand-maman me dit: «Tu es un petit gars sans reconnaissance. Tu n'as pas dit merci à ton oncle pour ce beau cadeau!» Je me suis alors senti méchant.

J'ai senti monter en moi une certaine honte. J'ai pensé à tout le manque de reconnaissance et de respect dont j'avais fait preuve. Plus je pensais à ce manque de générosité, plus je me sentais coupable de ne pas avoir été le petit garçon reconnaissant, comme l'aurait voulu ma grand-mère. Plus tard à l'école, les reproches, le ton de la voix, le regard d'un instituteur spécialiste dans le contrôle par la culpabilité me faisaient sentir coupable.

J'ai aussi développé un sentiment affreux de culpabilité à cause de mon éducation religieuse à l'école. On me faisait sentir que Dieu ne pouvait aimer un petit gars comme moi, agité, joueur et si peu studieux.

Amis, employeurs, collègues, professeurs, la liste serait encore bien longue si je nommais tous les gens qui ont semé en moi le sentiment de culpabilité. Pour moi, le sentiment de culpabilité est ce malaise que je ressens en ne faisant pas plaisir ou en étant un obstacle aux plaisirs des autres. Je me suis souvent senti coupable de dire non à une demande d'aide ou de service. J'ai dû lutter beaucoup pour me donner le droit de dire non. J'ai appris qu'en disant non à l'autre, je disais oui à moi-même. Dire oui à soi ne relève pas de l'égoïsme mais simplement d'une affirmation de soi.

La culpabilité est le mal que je ressens après avoir refusé de faire plaisir à quelqu'un ou après avoir été un obstacle au plaisir d'un individu. La culpabilité est la crainte d'être jugé, la peur d'être rejeté, c'est-à-dire de perdre l'amour que l'on a pour soi-même. En d'autres mots, la culpabilité est la crainte d'un jugement défavorable parce qu'on ne mérite pas l'amour de l'autre.

Exemples de culpabilité

- **Les riches** se sentent coupables face à la pauvreté des gens.
- **Les pauvres** se sentent coupables de dépendre des autres.
- **Les malades** se sentent coupables d'être un fardeau pour leur famille.
- **Les parents actifs** se sentent coupables de ne pas accorder plus de temps à leurs enfants.

La culpabilité est un sentiment d'inconfort qui prend place en pensant qu'une autre personne ne jouit pas d'un plaisir ou d'un bienfait par notre propre faute.

La culpabilité se manifeste comme:

- un malaise éprouvé en recevant des compliments;
- la peur de prendre la place des autres;
- la peur de blesser l'autre en obtenant ce qu'on désire;
- un malaise éprouvé en se faisant payer pour un travail accompli.

Névrose et culpabilité

Une personne névrosée est perturbée dans ses relations avec elle-même et les autres. C'est une cassure de la personnalité due à l'existence de complexes non résolus. C'est aussi un manque navrant d'adaptation à la réalité quotidienne.

Il y a des névroses liées à l'angoisse, aux phobies sexuelles, des névroses dues à des troubles digestifs et pulmonaires. Une obsession est une maladie au même titre qu'une tuberculose. La névrose, c'est le système neuro-végétatif qui est déréglé. En un mot, la névrose est un trouble profond de la personnalité.

La névrose est aussi une protection, une tentative d'adaptation à la réalité, une peur qui n'est pas réelle: peur de grossir, peur de son patron, peur de se fatiguer. Le moindre effort est une montagne pour la personne névrotique. C'est la conséquence d'une grande insécurité intérieure.

Névrose d'angoisse et de culpabilité

L'angoisse est la sœur de la culpabilité. Toutes les deux sont à la base de la névrose. L'angoisse est un état habituel d'affolement, comme si une catastrophe planait au-dessus de sa tête, comme si une puissance allait anéantir son être. On se dit: «Je vais devenir malade, je ne pourrai pas faire ce travail.» Voilà que cela passe comme un cauchemar. Après, on a la sensation de vivre de nouveau.

Le sentiment de culpabilité apparaît quand il y a danger intérieur, conflit, dilemme, lutte entre le conscient et l'inconscient. Il se manifeste par les sensations d'être toujours fautif, blâmé, rejeté et critiqué. Il y a sensation de soulagement dès qu'on a l'assurance d'être pardonné ou accepté. On cherche à tout faire pour être pardonné et on vit en fonction de l'opinion d'autrui. On ressent le besoin de se justifier et d'avoir des comptes à rendre aux autres, le besoin d'être admiré et de recevoir des marques extérieures d'affection. Très souvent, la culpabilité est inconsciente: timidité, gêne, trac, *etc.* La culpabilité inconsciente déclenche des comportements de protection: on a alors recours à l'alcool, à la drogue, à la générosité excessive.

Manifestations graduelles des sentiments dus à l'angoisse et à la culpabilité

- La personne se sent coupable.
- Elle a rapidement l'impression d'être rejetée, abandonnée, critiquée, blâmée, mal jugée, de paraître imparfaite, d'avoir tort d'être spontanée, d'être elle-même.
- Elle rumine les moindres événements qui peuvent être le signe d'un blâme.
- Pour y échapper, elle fait preuve d'un comportement qui appelle le pardon. Si son interlocuteur n'est pas fâché, la personne se sent pardonnée.

L'angoisse se nourrit des attitudes suivantes: cacher ses moindres défauts, étaler ses moindres qualités, charmer, attirer la bienveillance, ne jamais être en colère et méchant, ne jamais s'opposer, ne jamais contrarier, toujours pardonner, paraître parfait, admirable, brillant, compréhensif, intelligent, avoir raison à tout prix, éviter toute erreur, garder un faux calme, faire preuve de rigidité, suivre la route du devoir, rester au garde-à-vous, justifier ses actions, rendre des comptes, vérifier à outrance, amadouer autrui, avoir peur de solliciter, demander des preuves exagérées d'affection, régler son comportement sur celui des autres, avoir peur de l'autorité et des femmes, cultiver la peur d'être roulé, afficher un altruisme exagéré et un besoin impérieux de dépasser les autres et d'avoir du mépris pour la faiblesse des autres.

Le sentiment de culpabilité donne la sensation profonde d'être en faute. Il vient du mal que l'on ressent après avoir empêché autrui d'avoir du plaisir. Une personne qui souffre à cause de son sentiment de culpabilité dépend de l'opinion des autres. Elle vit en fonction de l'opinion des autres. Elle devient angoissée si elle croit qu'on a une opinion défavorable à son égard. Le perfectionnisme engendre l'angoisse. La peur d'être critiqué et blâmé est, chez l'être angoissé, permanente. Alors, la personne recherche la perfection pour se libérer de son angoisse.

Se sentir séparé, rejeté, abandonné est une des angoisses les plus puissantes.

L'agressivité procure de l'angoisse, car elle fait croire au danger, le fait apparaître, engendre l'hostilité, la compétition. La peur de celle-ci fait naître à son tour l'angoisse.

Il est possible de se libérer de la culpabilité en vivant pour soi, en vivant le moment présent et en étant soi-même son meilleur ami.

Il faut être avant tout avec soi et pour soi.

Culpabilité et sens du péché

Se libérer de sa culpabilité ne remet pas en question le sens du péché. Il n'y a péché que par rapport à Dieu. Nous connaissons notre péché dans la mesure où nous connaissons la bonté de Dieu et la grandeur de sa miséricorde.

Le péché, c'est le refus de croire que Dieu nous aime, même si nous sommes pleins de souillures. La conscience du péché nous amène à la certitude du pardon et elle apporte la paix. Être capable de paix prouve la rectitude de notre sens du péché. Si je perds la paix, je perds le sens du péché parce que je ne crois pas à l'amour miséricordieux de Dieu.

Le sentiment morbide de culpabilité est à l'opposé du vrai sens du péché. Il ne faut pas confondre culpabilité et sens du péché. Cette fausse culpabilité contamine la pratique religieuse qui devient alors formaliste, magique et fétichiste. Dans la confession, la culpabilité fait naître un aveu compulsif et non la paix qu'amène le sens du péché.

Conscience culpabilisée	***Sens du péché***
• Une attention fixée sur le «moi» qui se sent en danger. Fermeture et névrose.	• Une attention fixée sur Dieu qui libère. Ouverture et libération.
• La conscience culpabilisée porte surtout sur les pensées, les désirs et l'aspect «sexuel».	• Il y a détachement de la peur, acceptation sans obsession de sa condition humaine.
• Un souci crispé de sa propre pureté et un retour incessant vers le passé.	• Oubli de soi, de son péché. Foi centrée sur la bonté de Dieu.
• Une spiritualité imaginaire et une obsession d'être en règle devant Dieu.	• Une spiritualité concrète, accueillante. Compréhension pour soi et l'autre.
• Primauté de la loi, peur d'autrui et peur de la sexualité par crainte de souillure.	• Primauté de l'amour, n'attend rien et n'a pas peur de la nouveauté.

Pensées pour éliminer sa culpabilité

1. Ne pas se prendre au sérieux;
2. Se donner le droit de se tromper;

3. Se permettre 20% d'erreurs;
4. Ne pas faire la morale aux autres;
5. Ne pas accepter que les autres nous fassent la morale;
6. Admettre l'inévitable: ce qui arrive arrive;
7. Admettre son imperfection;
8. Reconnaître son impuissance face à un événement;
9. Croire que tout être humain est perfectible;
10. Par-dessus tout, vivre dans la vérité;
11. Pratiquer ce que l'on recherche chez les autres;
12. Se donner à soi-même ce qu'on attend des autres;
13. Se souvenir de l'origine divine de son être;
14. Devenir son (sa) meilleur(e) ami(e).

Affirmations concernant la culpabilité

1. Je me pardonne ma croyance dans le fait que j'ai blessé ma mère à ma naissance.
2. Tout ce que j'ai fait a été source de plaisir et de bienfaits pour tous.
3. Ma naissance fut source d'un plaisir et d'un bienfait pour ma mère.
4. Lorsque je pose les gestes nécessaires pour obtenir ce que je désire, tous en profitent.
5. J'ai le droit de prendre ma place sans croire que j'enlève quelque chose aux autres.
6. J'ai le droit de recevoir de l'amour et de l'argent de diverses sources à la fois.
7. Je pardonne aux autres leur incapacité à répondre à mes attentes.

8. Je me pardonne de m'être laissé imposer des situations que je ne désirais pas.
9. Devenu adulte, j'ai la responsabilité de fixer les conditions de mon bonheur sans demander l'approbation des autres.
10. Je ne suis nullement responsable des émotions des autres.
11. Ce qui me blesse ou me fait plaisir dans le propos des autres est la perception que j'en ai.

Sortir de sa culpabilité

«Au moment où j'ai agi, je n'aurais pu être plus parfait.»

Répétons cette phrase cent fois à notre lever et deux cents fois à notre coucher. Si possible, entretenons cette pensée tout au long de la journée.

Faisons cet exercice pendant au moins trente jours consécutifs.

Rappelons-nous que nous sommes tout simplement des êtres humains avec nos forces et nos faiblesses. Nous sommes à la fois bons et méchants. Ne cherchons pas à être des anges. Soyons nous-mêmes. Au moment où nous avons agi, peu importe notre bêtise, nous ne pouvions pas agir autrement. Nous ne pouvons rien changer de notre vie passée. Seul compte le moment présent. Rendons-le profitable à notre bonheur.

Une meilleure estime de soi

Bien identifier ce qui perpétue en nous ce manque d'estime de soi semble être la première étape à franchir. Perdre l'estime de soi est l'une des conséquences d'avoir vécu dans un milieu familial dysfonctionnel et la cause première de nos émotions désagréables.

Les conséquences d'une éducation trop rigide, sévère, négligée ou surprotégée sont inévitablement le dénigrement personnel. Il arrive à l'être humain ce qui se passe dans sa vie mentale. En d'autres mots, notre façon de penser détermine la couleur de nos émotions. Les parents et les éducateurs dysfonctionnels enseignent aux enfants, inconsciemment peut-être, à ne pas se valoriser eux-mêmes en envoyant des messages tels que: «Tu devrais avoir honte», «Tu es gauche et stupide», «Qu'est-ce qu'ils vont dire de toi», *etc.*

Reconnaître les images négatives de soi, identifier et mater les expressions que j'utilise à mon endroit me permettra de voir plus clair en moi, afin de développer une attitude mentale positive et valorisante.

L'opinion des autres a-t-elle pour moi beaucoup plus de poids que ma propre opinion? Mon idéalisme me pousse-t-il à nier mes limites, mes seuils de fatigue, à les nier tellement que cela me paralyse dans mon action et augmente ma culpabilité au lieu de faire grandir l'estime que j'ai de moi-même? Suis-je porté à donner une grande importance à la moindre imperfection et à oublier l'ensemble de mes réussites? Suis-je enclin à voir les points négatifs dans ma vie et dans celle des autres?

Cesser de poser des actes qui me dérangent

Une fois qu'on a vu clair, on essaie de ne plus poser les gestes, les paroles ou les attitudes qui éclaboussent son image personnelle. Voici une liste des caractéristiques propres aux gens qui cheminent sur la voie d'un manque d'estime de soi. Après une lecture attentive des attitudes négatives suivantes, vous relèverez cinq énoncés qui vous paraissent les plus descriptifs de vous-même, et vous vous emploierez à les corriger.

Attitudes destructrices de soi-même

1. Donner plus d'importance aux opinions des autres qu'aux miennes.
2. M'identifier à ce que je fais et non à ce que je suis comme être humain.
3. Donner plus d'importance à mes actions plutôt qu'à mon moi profond.
4. Refuser d'accepter la pleine responsabilité de ma croissance et de mon épanouissement par peur d'être jugé.
5. Chercher à vouloir me faire une image personnelle qui plaît à tous et qui ne dit jamais non à un service.
6. Vouloir agir de telle sorte que personne n'ait plus rien à me reprocher.
7. Refuser de penser et de décider par moi-même, exigeant toujours l'approbation ou la confirmation des autres pour tout ce que je fais ou décide.
8. M'astreindre à garder un poste qui me déplaît sous prétexte que je suis un individu responsable.
9. Manquer de buts précis sur lesquels je puisse baser mes décisions et mes orientations de vie.
10. Cultiver la culpabilité, les attentes, la passivité, l'apitoiement et le manque de discipline personnelle.
11. Penser aux autres et vivre en fonction des autres en vue de mieux servir les autres, sans véritablement connaître leurs besoins.
12. Ne pas avoir un objectif de vie qui soit satisfaisant pour moi.
13. Ne pas prendre conscience que je fais de mon mieux et que je ne suis qu'un simple être humain, à la fois bon et méchant.

14. Faire dépendre mes réalisations du jugement des autres plutôt que de ma conscience éclairée.
15. Oublier que, pour Dieu, tout être humain est d'égale valeur et mérite Sa tendresse.
16. Refuser de me donner le droit d'être moi-même et d'être mon meilleur ami.
17. Ne pas faire ce qui est bon pour moi par crainte de déplaire aux autres.
18. Croire que s'occuper de soi est égoïste.
19. Abandonner mes projets avant de les avoir terminés.
20. Me comparer aux autres afin de juger de ma valeur.
21. Cultiver l'attitude qu'il faut être compétitif et supérieur pour obtenir l'amour des autres.
22. Ne pas oser exprimer mes propres convictions par crainte du rejet des autres.
23. Refuser d'admettre que c'est ma façon de penser qui me rend mal dans ma peau.
24. Développer une dépendance affective telle que je ne suis plus capable d'être bien avec moi-même quand je suis seul.
25. Toujours avoir besoin de bruit et fuir le silence ou la solitude.
26. Faire sentir aux autres qu'ils ne sont pas assez reconnaissants de ce que j'ai fait pour eux.
27. Développer une conception d'une vie de prière, de l'humilité et de la sainteté basée sur le renoncement et l'anéantissement, plutôt qu'à partir de la créativité, de la sérénité, de la paix et de la joie.

Amour de Dieu et culpabilité

S'il y a une tendance parmi ceux et celles qui n'ont pas résolu le sentiment de culpabilité, c'est d'avoir une dimension exagérée de leurs fautes et une myopie profonde en ce qui regarde la miséricorde de Dieu pour ses enfants. Il est donc important que le croyant ait une meilleure vision de l'Amour de Dieu pour nous tous.

«En ceci s'est manifesté l'Amour de Dieu pour nous: Dieu a envoyé son Fils unique dans le monde afin que nous vivions par lui ... C'est lui qui nous a aimés et qui a envoyé son Fils en victime de propitiation pour nos péchés» (1, Jean 4, 9-10).

✯

TEXTES BIBLIQUES FAISANT RESSORTIR L'INTÉRÊT QUE DIEU NOUS PORTE

Mt 11, 25-30 - *En ce temps-là, Jésus prit la parole et dit: «Je te bénis, Père, Seigneur du ciel et de la terre, d'avoir caché cela aux sages et aux intelligents et de l'avoir révélé aux tout-petits. Oui, Père, car tel a été ton bon plaisir. Tout m'a été remis par mon Père, et nul ne connaît le Fils si ce n'est le Père et nul ne connaît le Père si ce n'est le Fils et celui à qui le Fils veut bien le révéler.*

«Venez à moi, vous tous qui peinez et ployez sous le fardeau, et moi je vous soulagerai. Chargez-vous de mon joug et mettez-vous à mon école, car je suis doux et humble de cœur, et vous trouverez soulagement pour vos âmes. Oui, mon joug est aisé et mon fardeau léger.»

Mt 12, 49-50 - *Et, tendant sa main vers ses disciples, il dit: «Voici ma mère et mes frères. Car quiconque fait la volonté de mon Père qui est aux cieux, celui-là m'est un frère et une sœur et une mère.»*

Mt 13, 31-32 - *Il leur proposa une autre parabole: «Le Royaume des Cieux est semblable à un grain de sénevé qu'un homme a pris et semé dans son champ. C'est bien la plus petite de toutes les graines, mais, quand il a poussé, c'est la plus grande des plantes potagères, qui devient même un arbre, au point que les oiseaux du ciel viennent s'abriter dans ses branches.»*

Mt 18, 12-14 - *« À votre avis, si un homme possède cent brebis et qu'une d'elles vienne à s'égarer, ne va-t-il pas laisser les quatre-vingt-dix-neuf autres dans la montagne pour s'en aller à la recherche de l'égarée? Et s'il parvient à la retrouver, en vérité je vous le dis, il tire plus de joie d'elle que des quatre-vingt-dix-neuf qui ne se sont pas égarées. Ainsi on ne veut pas, chez votre Père qui est aux cieux, qu'un seul de ces petits se perde. »*

Mc 2, 12 - *Il se leva et aussitôt, prenant son grabat, il sortit devant tout le monde, de sorte que tous étaient stupéfaits et glorifiaient Dieu en disant: « Jamais nous n'avons rien vu de pareil. »*

Jn 4, 10-14 - *Jésus lui répondit: « Si tu savais le don de Dieu et qui est celui qui te dit: "Donne-moi à boire", c'est toi qui l'aurais prié et il t'aurait donné de l'eau vive. »*
Elle lui dit: «Seigneur, tu n'as rien pour puiser, et le puits est profond. D'où l'as-tu donc, l'eau vive? Serais-tu plus grand que notre père Jacob, qui nous a donné ce puits et y a bu lui-même, ainsi que ses fils et ses bêtes? »
Jésus lui répondit: « Quiconque boit de cette eau aura soif à nouveau; mais qui boira de l'eau que je lui donnerai n'aura plus jamais soif; l'eau que je lui donnerai deviendra en lui source d'eau jaillissant en vie éternelle. »

Jn 6, 35-40 - *Jésus leur dit: «Je suis le pain de vie. Qui vient à moi n'aura jamais faim; qui croit en moi n'aura jamais soif. Mais je vous l'ai dit: vous me voyez et vous ne croyez pas. Tout ce que me donne le Père viendra à moi, et celui qui vient à moi, je ne le jetterai pas dehors; car je suis descendu du ciel pour faire non pas ma volonté, mais la volonté de celui qui m'a envoyé. Or c'est la volonté de celui qui m'a envoyé que je ne perde rien de tout ce qu'il m'a donné, mais que je le ressuscite au dernier jour. Oui, telle est la volonté de mon Père, que quiconque voit le Fils et croit en lui ait la vie éternelle, et je le ressusciterai au dernier jour.»*

Jn 8, 3-11 - *Or les scribes et les Pharisiens amènent une femme surprise en adultère, et la plaçant au milieu, ils disent à Jésus: «Maître, cette femme a été surprise en flagrant délit d'adultère. Or, dans la Loi, Moïse nous a prescrit de lapider ces femmes-là. Toi donc, que dis-tu?» Ils disaient cela pour le mettre à l'épreuve, afin d'avoir matière à l'accuser.*
Mais Jésus, se baissant, se mit à écrire avec son doigt sur le sol. Comme ils persistaient à l'interroger, il se redressa et leur dit: «Que celui d'entre vous qui est sans péché lui jette le premier une pierre!» Et se baissant de nouveau, il écrivait sur le sol. Mais eux, entendant cela, s'en allèrent un à un, à commencer par les plus vieux; et il fut laissé seul, avec la femme toujours là au milieu.
Alors, se redressant, Jésus lui dit: «Femme, où sont-ils? Personne ne t'a condamnée?» Elle dit: «Personne, Seigneur.» Alors Jésus dit: «Moi non plus, je ne te condamne pas. Va, désormais ne pèche plus.»

Jn 8, 12 - *De nouveau Jésus leur adressa la parole et dit: «Je suis la lumière du monde. Qui me suit ne marchera pas dans les ténèbres, mais aura la lumière de la vie.»*

Lc 3, 15-16 - *Comme le peuple était dans l'attente et que tous se demandaient en leur cœur, au sujet de Jean, s'il n'était pas le Christ, Jean prit la parole et leur dit à tous: «Pour moi, je vous baptise avec de l'eau, mais vient le plus fort que moi, et je ne suis pas digne de délier la courroie de ses sandales; lui vous baptisera dans l'Esprit Saint et le feu.»*

Mt 10, 27 - *«Ce que je vous dis dans les ténèbres, dites-le au grand jour; et ce que vous entendez dans le creux de l'oreille, proclamez-le sur les toits.*

Mt 10, 29-33 - *«Ne vend-on pas deux passereaux pour un as? Et pas un d'entre eux ne tombera au sol à l'insu de votre Père! Et vous donc! vos cheveux même sont tous comptés! Soyez donc sans crainte; vous valez mieux, vous, qu'une multitude de passereaux.*
Quiconque se déclarera pour moi devant les hommes, moi aussi je me déclarerai pour lui devant mon Père qui est dans les cieux; mais celui qui m'aura renié devant les hommes, à mon tour je le renierai devant mon Père qui est dans les cieux.»

Mt 10, 40-42 - *« Qui vous accueille m'accueille, et qui m'accueille accueille Celui qui m'a envoyé. Qui accueille un prophète en tant que prophète recevra une récompense de prophète, et qui accueille un juste en tant que juste recevra une récompense de juste. Quiconque donnera à boire à l'un de ces petits rien qu'un verre d'eau fraîche, en tant qu'il est un disciple, en vérité je vous le dis, il ne perdra pas sa récompense. »*

Mt 7, 7-12 - *« Demandez et l'on vous donnera; cherchez et vous trouverez; frappez et l'on vous ouvrira. Car quiconque demande reçoit; qui cherche trouve; et à qui frappe on ouvrira. Quel est d'entre vous l'homme auquel son fils demandera du pain et qui lui remettra une pierre? ou encore, s'il lui demande un poisson, lui remettra-t-il un serpent? Si donc vous, qui êtes mauvais, vous savez donner de bonnes choses à vos enfants, combien plus votre Père qui est dans les cieux en donnera-t-il de bonnes à ceux qui l'en prient! Ainsi, tout ce que vous voulez que les hommes fassent pour vous, faites-le vous-mêmes pour eux : voilà la Loi et les Prophètes. »*

Mt 12, 22-33 - *Alors on lui présenta un démoniaque aveugle et muet; et il le guérit, si bien que le muet pouvait parler et voir. Frappées de stupeur, toutes les foules disaient: « Celui-là n'est-il pas le Fils de David? » Mais les Pharisiens, entendant cela, dirent: « Celui-là n'expulse les démons que par Béelzéboul, le prince des démons. » Connaissant leurs sentiments, il leur dit: « Tout royaume divisé contre lui-même court à la ruine; et nulle ville, nulle maison, divisée contre elle-même, ne saurait se maintenir.*

Or, si Satan expulse Satan, il s'est divisé contre lui-même: dès lors, comment son royaume se maintiendra-t-il? Et si moi, c'est par Béelzéboul que j'expulse les démons, par qui vos adeptes les expulsent-ils? Aussi seront-ils eux-mêmes vos juges. Mais si c'est par l'Esprit de Dieu que j'expulse les démons, c'est donc que le Royaume de Dieu est arrivé jusqu'à vous. Ou encore, comment quelqu'un peut-il pénétrer dans la maison d'un homme fort et s'emparer de ses affaires, s'il n'a d'abord ligoté cet homme fort? Et alors, il pillera sa maison. Qui n'est pas avec moi est contre moi, et qui n'amasse pas avec moi dissipe. Aussi je vous le dis, tout péché et blasphème sera remis aux hommes, mais le blasphème contre l'Esprit ne sera pas remis. Et quiconque aura dit une parole contre le Fils de l'homme, cela lui sera remis; mais quiconque aura parlé contre l'Esprit Saint, cela ne lui sera remis ni en ce monde ni dans l'autre.»
«Prenez un arbre bon: son fruit sera bon; prenez un arbre gâté: son fruit sera gâté. Car c'est au fruit qu'on reconnaît l'arbre.»

Mt 18, 19-22 - *«De même, je vous le dis en vérité, si deux d'entre vous, sur la terre, unissent leurs voix pour demander quoi que ce soit, cela leur sera accordé par mon Père qui est aux cieux. Que deux ou trois, en effet, soient réunis en mon nom, je suis là au milieu d'eux.»*
Alors Pierre, s'avançant, lui dit: «Seigneur, combien de fois mon frère pourra-t-il pécher contre moi et devrai-je lui pardonner? Irai-je jusqu'à sept fois?» Jésus lui dit: «Je ne te dis pas jusqu'à sept fois, mais jusqu'à soixante-dix-sept fois.»

Mt 19, 24-26 - *« Oui, je vous le répète, il est plus facile à un chameau de passer par un trou d'aiguille qu'à un riche d'entrer dans le Royaume des Cieux. » En entendant cela, les disciples restèrent tout interdits: « Qui donc peut être sauvé? » disaient-ils. Fixant son regard, Jésus leur dit: « Pour les hommes c'est impossible, mais pour Dieu tout est possible. »*

Mt 22, 36-40 - *« Maître, quel est le plus grand commandement de la Loi? » Jésus lui dit: « Tu aimeras le Seigneur ton Dieu de tout ton cœur, de toute ton âme et de tout ton esprit; voilà le plus grand et le premier commandement. Le second lui est semblable: Tu aimeras ton prochain comme toi-même. À ces deux commandements se rattache toute la Loi, ainsi que les Prophètes. »*

Lc 15, 3-7 - *Il leur dit alors cette parabole: « Lequel d'entre vous, s'il a cent brebis et vient à en perdre une, n'abandonne les quatre-vingt-dix-neuf autres dans le désert pour s'en aller après celle qui est perdue jusqu'à ce qu'il l'ait retrouvée? Et, quand il l'a retrouvée, il la met, tout joyeux, sur ses épaules et, de retour chez lui, il assemble amis et voisins et leur dit: "Réjouissez-vous avec moi, car je l'ai retrouvée, ma brebis qui était perdue!" C'est ainsi, je vous le dis, qu'il y aura plus de joie dans le ciel pour un seul pécheur qui se repent que pour quatre-vingt-dix-neuf justes, qui n'ont pas besoin de repentir. »*

- Il y a des démons (émotions) qui ne se chassent que par la prière et le jeûne (discipline), disait Jésus. À chaque jour, il est bon de se donner quelques moments de prière afin de demander à Dieu qu'Il nous donne Son regard sur nous-mêmes.

Relations humaines et culpabilité

On n'a pas besoin de parler bien longtemps avec les gens pour comprendre qu'ils n'ont pas de notion bien claire de ce qu'ils sont. Ils ne voient pas ce qu'ils sont ou ce qu'ils valent. Les individus coupables développent des dépendances destructrices et ne peuvent avoir une vision de leurs valeurs que par rapport aux jugements des autres. Ils respirent et vivent en fonction de l'approbation de leur entourage et ne perçoivent leur identité que par référence aux autres. Camus disait: «L'enfer, c'est les autres.» Les coupables diront: «L'important, c'est l'opinion des autres.» Ces individus dépendants se serviront des autres pour satisfaire leurs besoins. Nous pourrions dire que ces gens sont des individus «incomplets» qui semblent utiliser ceux et celles qui dépendent d'eux, comme les parents, les enfants ou le conjoint, pour se compléter. Ce sont des «incomplets» dans un besoin continuel des autres tout en exigeant que ceux qui établissent des relations interpersonnelles avec eux aient une dévotion exclusive à leur égard. Ils aiment vivre une relation qui en soit une de mutuelle dépendance. Les psychologues emploieront le terme *symbiose* pour décrire cette forme de dépendance relationnelle.

La dysfonction est une curieuse attitude émotionnelle. Nous pouvons avoir toutes les caractéristiques apparentes d'un adulte, être des travailleurs contents et maîtres de notre vie. Cependant, avec nos parents, nous conservons des comportements enfantins qui sont autant de sources de frustration et d'insatisfaction qui drainent nos énergies et nous empêchent d'atteindre notre statut de véritable adulte. Nous ne deviendrons jamais des êtres matures si nous sommes encore responsables des sentiments de nos parents plus que des nôtres et si nous sommes pris dans le piège parental de tout faire pour gagner leur amour et éviter de leur déplaire. Personne n'est vraiment adulte s'il n'a pas coupé le cordon ombilical.

Les enfants-adultes enfantins dans leurs relations parentales auront ce genre de conversation: «Je ne veux pas laisser mes parents, ils ont besoin de moi. Je ne saurai vivre sans eux. Notre relation est vraiment spéciale.» Ces mêmes enfants-adultes essaient et cherchent à faire en sorte que leurs propres enfants restent dépendants d'eux, autant qu'eux-mêmes l'étaient de leurs propres parents. C'est le cercle vicieux de la dysfonction: je ne suis pas autonome et mes enfants ne sont pas autonomes. La dysfonction est une maladie familiale qui se transmet de génération en génération. Le nœud de toute cette dysfonction est la culpabilité. Les messages suivants envoyés aux enfants de façon répétitive les confinent dans une culpabilité maladive:

- Mon enfant, tu es une partie de moi-même et tu ne seras jamais complet sans moi.
- Tu auras toujours besoin de tes parents.
- Nous avons besoin de ta présence en signe de reconnaissance pour la vie que nous t'avons donnée.
- Tous ceux et celles qui t'éloignent de nous sont méchants.
- Tu devras répondre aux désirs de tes parents sans te questionner.
- Mon enfant, tu devras suivre ces cinq commandements si tu veux être considéré comme un enfant digne de notre amour et pleinement responsable face au monde.

✯

Ces commandements peuvent paraître farfelus par les membres d'une famille équilibrée, mais pour la personne endoctrinée par de tels messages culpabilisants, le problème de la culpabilité parentale est réel. Beaucoup de problèmes familiaux découlent de cette forme de relation familiale vécue dans l'enfance. Pour vous faire comprendre que cette dépendance parentale est plus commune qu'on ne le laisse croire, un psychologue m'a déjà dit qu'il y a à peine 4% des enfants qui naissent de parents fonctionnels. Les autres 96% sont donc dysfonctionnels. Dans quelle catégorie êtes-vous? Que dit la Bible à ce sujet? «C'est pourquoi l'homme quitte son père et sa mère et s'attache à sa femme, et ils deviennent une seule chair» (Gn 2, 24). Ces mêmes paroles peuvent s'appliquer aux membres de communautés religieuses et au clergé.

Amitié et culpabilité

Il n'est pas rare de voir des individus engagés dans des relations amicales qui deviennent une source majeure de culpabilité. Cela se produit quand les amis ne s'acceptent pas comme étant égaux et ne prennent pas une responsabilité totale de leurs relations avec l'autre. On peut avoir une relation amicale totalement épanouissante à la seule condition d'être totalement et entièrement responsable de sa relation à l'autre.

Celui ou celle qui ne prend pas l'entière responsabilité de sa relation à l'autre ou à son environnement n'arrivera pas à une amitié exempte de culpabilité.

Un de mes amis, thérapeute, me disait qu'il y a deux dangers menaçant les relations d'amitié. La première erreur serait dans le choix de mauvais amis. Très souvent, à cause du manque d'estime d'eux-mêmes, les gens s'associent à des personnes blessantes. En deuxième lieu, on peut faire le choix de bons amis, mais établir avec eux une relation basée sur de faux motifs.

Une amitié produit un sentiment de culpabilité quand elle est mal orientée. Paul me disait ne jamais pouvoir satisfaire les exigences de sa conjointe: «Peu importe ce que je fais, elle n'est jamais satisfaite.» L'amitié entre Linda et Louis était source de culpabilité, car Louis était trop dépendant de Linda. Il croyait ne pas pouvoir vivre sans la présence de Linda. Cela lui imposait un stress qu'elle ne pouvait plus porter et Louis avait le sentiment d'avoir fait quelque chose de répréhensible aux yeux de Linda. Il se sentait énormément coupable. Une amitié qui est source de culpabilité détruit ses auteurs.

Les gens aux émotions désagréables

Comment traiter avec les gens difficiles qui agissent à partir d'émotions confuses?

Sur la route comme dans la vie privée, on est souvent confronté à des personnes aux émotions désagréables, aux comportements acariâtres qui nous font vivre des moments sombres. Il est très difficile de vivre avec les gens qui collent, les négatifs, les pessimistes, continuellement à se plaindre et à juger les autres. Ces parasites blâment, contrôlent leurs proches, irritent et ne savent jamais prendre leur place, mais ils prennent la place des autres. Le simple fait d'avoir à côtoyer ces personnes, ou à les approcher, signifie pour nous des sentiments de frustration, de rejet, de honte, de colère, de culpabilité et même d'angoisse. On souhaite fuir ces gens ou ces familles, mais on y arrive difficilement; notamment avec les membres de notre communauté humaine ou religieuse, de même que nos collègues.

Tout est dans la manière, non dans la matière

Une façon juste et saine de soulager ce malaise relationnel est de changer notre manière de réagir face aux personnes et aux événements désagréables. Ce ne sont pas toujours les événements qui dérangent nos émotions, mais l'usage qu'on en fait.

En soi, le rasoir est une arme «neutre». C'est la manière dont on l'utilise qui le rend offensif ou utile. On peut donc apprendre à affronter ces personnes en modifiant ses réactions face aux comportements provocants des gens qu'on rencontre sur le chemin de la vie. Les personnes qui affichent des comportements difficiles, dus à leurs émotions désagréables, persistent dans leurs habitudes parce qu'elles en récoltent des résultats positifs. Si les gens vous humilient, c'est que vous vous laissez humilier, ce qui les encourage à persister dans leurs attitudes à votre égard. Si les gens vous mettent en colère, c'est que vous êtes colérique. Cessez de pleurer et les gens ne vous feront plus pleurer. La grande réalité, c'est que ces personnes dirigent leurs comportements désagréables vers ceux et celles qui, en retour, réagissent d'une façon qui renforce leur comportement. L'essentiel est de comprendre que, dans beaucoup de cas, les gens n'abandonnent que rarement leur manière désagréable de communiquer. Ainsi, en apprenant à modifier sa façon de réagir devant ce type de personnes difficiles, on évite d'être blessé.

Ne jamais alimenter l'offenseur

Il est toujours possible de faire en sorte qu'on ne soit pas blessé par la nature de la conversation engagée avec l'interlocuteur. Quand la communication devient violente, il faut couper et faire sentir à l'autre qu'on ne veut plus jouer ce jeu de la brutalité. Ce qui me blesse dans une parole, ce n'est pas ce que l'autre me dit de désagréable, mais c'est le fait de croire à sa parole. Par exemple, si on me traite de «niaiseux» et que j'y crois, je serai blessé. Si je n'y crois pas, je ne serai pas heurté. Dans la parole blessante, c'est l'usage qu'on en fait qui crée la différence.

Comprendre

La personne désagréable ou offensante est un être malheureux qui a perdu la maîtrise de sa vie émotive. Il arrive à l'être humain, extérieurement, ce qui lui ressemble intérieurement.

Quiconque possède la paix de l'âme ou la paix intérieure reflétera des comportements pacifiques. Nous transposons dans nos relations interpersonnelles nos conflits émotionnels intérieurs. Ces individus difficiles, se sentant insécurisés, n'ont pas la maîtrise de la situation; par conséquent, ils demeurent impuissants et angoissés. Ce sont des individus menacés, frustrés et craintifs dans leurs échanges avec les autres. Ils ont appris dès leur enfance, dans leur famille d'origine, à réagir négativement face aux situations, aux personnes ou aux événements contrariants. Bien que leur communication soit dysfonctionnelle, ces gens ont habituellement des qualités qui rachètent leurs défauts.

L'importance de s'affirmer

S'affirmer, prendre sa place sans culpabilité: voilà la clé du succès. Exprimer ses convictions d'une façon claire et constructive nous amène à une plus grande libération intérieure. En tout temps, ne tolérez jamais la violence; qu'elle soit morale, verbale, affective ou physique. Vous êtes responsable de tout ce que vous tolérez. Veillez à briser le silence rattaché aux abus physiques, psychologiques, sociaux ou spirituels. S'il le faut, ayez recours aux lois civiles. Il n'y a pas de solution-miracle. Cependant, il existe des moyens à la portée de tous et nous devons nous en servir. Il faut faire pour nous-mêmes ce qui doit être fait. Nul n'est mieux servi que par lui-même. Surtout et avant tout, libérez-vous de votre sentiment morbide de culpabilité.

Approche nouvelle de la culpabilité

Le mot *evangelium* (évangile) signifie être vigilant, c'est-à-dire «voir clair». Quand les gens ne voient pas clair en eux et n'ont ni une pensée éclairée ni un agir approprié capable de leur donner une stabilité émotive, ils demeurent perturbés.

Mario pensait qu'il lui fallait être aimé par tout un chacun. Il passait son temps à rechercher l'affection entière des personnes proches de lui. Dans le concret de sa vie, il était offensant à certains moments et il se sentait énormément coupable de ne pas être aussi aimable qu'il le souhaitait. Ce sentiment morbide qui l'habitait était dû à sa façon de penser. Comme il n'arrivait pas à être ce qu'il pensait devoir être envers ses semblables, la culpabilité faisait surface. Celle-ci le paralysait.

J'ai donc commencé une relation d'aide avec Mario. Ensemble, nous avons essayé de corriger sa façon de penser, laquelle était à l'origine de sa culpabilité. Nous avons réfléchi sur ce que Marc-Aurèle, empereur romain, écrivait: «Notre vie est ce que nos pensées en font.» Après quelques semaines de thérapie, il était évident que Mario avait trois réactions fondamentalement erronées qui le rendaient coupable. *Primo:* il dramatisait. *Secundo:* il minimisait. *Tercio:* il déformait la réalité. Ce sont trois façons de penser et de voir communes aux gens coupables.

Ne pas dramatiser

Lorsqu'un thérapeute rencontre un client avec une culpabilité non résolue, il est fort probable que celui-ci ait tendance à dramatiser ce qu'il fait de mal. Il se peut qu'il ait accepté son erreur, mais en même temps qu'il continue d'une façon exagérée à ne voir que l'aspect négatif. Pour les uns, faire une erreur, c'est une occasion de se déprécier; pour les autres, arriver en retard à un rendez-vous amène des excuses sans fin.

Ce qui rend malheureux, ce ne sont pas les situations en elles-mêmes, mais plutôt l'interprétation qu'on en fait et le sens qu'on leur donne. Le malheur résulte d'une mauvaise perception des choses. Ainsi, à la source de nos émotions désagréables (culpabilité, frustration), il y a des idées fausses et irréalistes. Cessons de tant dramatiser. Faisons preuve de plus de souplesse et d'objectivité.

Minimiser n'est pas la solution

Une personne minimise une situation où le problème continue à soutenir son sentiment de culpabilité parce que cette attitude signifie qu'elle nie ou supprime les causes de sa culpabilité. L'aveu, le respect, le repentir ou le soutien sont impossibles aussi longtemps qu'un individu nie ou minimise la réalité de son agir. Même s'il nie ou s'il oublie l'expérience du sentiment de culpabilité, le sujet en sera toujours affecté.

En travaillant avec des individus qui minimisent leur culpabilité, j'ai réalisé que le fait de les centrer sur le comment et non sur le pourquoi les aidait à résoudre leur culpabilité. Se demander pourquoi on a agi de telle sorte ne fait qu'excuser les actes commis. Mais se demander comment on en est arrivé là aide à travailler sur la réalité et les faits, et non sur les pourquoi. Très souvent, répondre à la question «comment s'en sortir» soulage déjà la personne de son sentiment de culpabilité.

S'en tenir à la réalité

«La vérité vous rendra libre», disait saint Jean. S'en tenir à la réalité, c'est s'en tenir à la vérité. Quand on s'en tient à la réalité, c'est-à-dire à la vérité, on ne dit pas que nos mauvaises actions n'ont aucune conséquence ni qu'elles sont la cause de tous nos malheurs. S'en tenir à la réalité, ce n'est ni dramatiser ni minimiser les effets de nos comportements dysfonctionnels. Il nous arrive de généraliser les situations négatives en employant les termes suivants: «Ce sont tous des racistes» ou «Ce sont tous des méchants.» On peut aider une personne à sortir de sa culpabilité en l'éveillant aux choses qu'elle peut changer dans sa vie et non à celles sur lesquelles elle n'a aucun pouvoir. La réalité, c'est que je suis ce que je suis et non l'image que projette mon imagination sous l'influence de mon émotivité.

Ne pas croire ce que l'on pense

Trop de gens se sentent coupables en prenant comme vérité ce qu'ils pensent ou sentent. On peut se sentir rejeté sans l'être. Si je crois que mon sentiment de rejet est la vérité, je me sentirai diminué et sans valeur. Il en est de même pour ce que l'on pense. Ce que je pense n'est pas toujours la vérité. Lorsque je pense avoir blessé un ami et que je crois cette pensée, je me sentirai coupable. Voilà pourquoi il est important de vérifier ce que l'on pense et ce que l'on sent. Il en est de même pour ses croyances. D'une part, si je crois que celui que je blesse mérite ce châtiment, j'aurai de la difficulté à ne plus le blesser et j'aurai aussi de la difficulté à modifier mon comportement. D'autre part, si je crois que je suis une personne blessante, je pourrai me culpabiliser d'avoir blessé telle personne, même si ce n'est pas la réalité. Dans mes consultations, je rencontre de nombreuses personnes en conflit avec leur famille ou leurs collègues à cause d'une croyance faussée ou d'une interprétation erronée d'une parole ou d'un comportement d'autrui.

Déjà, il y a deux mille ans, Paul connaissait les effets de la pensée sur notre comportement humain et savait que la vie émotive ressemble à ce que pensent les gens. Dans sa lettre aux Philippiens (Ph 4, 8-9), il écrivait: «Enfin, frères, tout ce qu'il y a de vrai, de noble, de juste, de pur, d'aimable, d'honorable, tout ce qu'il peut y avoir de bon dans la vertu et la louange humaines, voilà ce qui doit vous préoccuper.»

✯

La grande peur noire

Un ami me disait: «Je suis un être de peur.» L'une des caractéristiques de notre époque est la peur. La peur est devenue un mode de vie, elle est en train de devenir collective. Les journaux, la radio et la télévision en font mention à chaque jour. Les jeunes ont peur. Les personnes âgées ont peur. Nous avons peur! Les méfaits de la peur sont multiples. Elle est une infection universelle qui sévit sur l'humanité à l'état chronique. De nos jours, on enregistre une recrudescence des symptômes de la peur. Cet état est dû aux bouleversements que nous traversons en cette période.

La peur et les médias

La presse et les ondes déversent la peur à grands flots. La conscience humaine en est intoxiquée. Les vols, les viols, les abus et les attaques terroristes font la une des nouvelles. L'étalage des peurs joue un rôle premier dans la presse parlée et écrite, et sur Internet. On y cause de tout ce qui peut exciter les pires instincts humains.

La peur est un cancer qui opprime les hommes et les femmes en les amputant de leur faculté d'agir en êtres libres. On en est arrivé à avoir aussi peur de la vie que de la mort. Les gens redoutent dans la vie les obstacles, les frustrations, les efforts, la maladie, les déceptions et même leurs frères. Les étrangers sont également source de peur. Pensons aux nombreux conflits qui sévissent un peu partout dans le monde. À cause de la rapidité des communications, la contagion de la peur est telle qu'elle alarme les coins les plus reculés de la planète qui ressemble maintenant à un petit village.

Le cinéma, pour sa part, est entré lui aussi dans cette ronde de peur. Un film simple n'a plus aucun intérêt. Il faut toute la panoplie des passions, des êtres tourmentés et des situations catastrophiques. On s'enivre de films à sensations fortes comme on peut s'enivrer d'alcool. Cependant, l'ivresse par l'alcool est moins grave que l'ivresse mentale qui, elle, constitue une véritable démolition de cœur et d'esprit.

Les religions ont aussi leur responsabilité

Nous récoltons ce que nous semons. Notre civilisation technologique, avec son matérialisme athée, a planté des semences empoisonnées. Les régimes dictatoriaux de terreur dominent par la peur et sont une imitation de ce que certaines religions offrent à leurs fidèles en punition de leurs péchés. Ces religions ont contribué à dominer les consciences en jetant la peur à profusion dans le cœur de leurs adeptes. Il faut le reconnaître! Les gens de ma génération et ceux qui les précèdent sont encore paralysés par l'effroi canonique de l'enfer. La violence spirituelle est encore trop forte. La notion d'un Dieu vengeur a plus fait pour accroître la peur et le nombre des incroyants que les plus grandes croisades des régimes communistes. L'un des signes d'un grand désarroi spirituel n'est-il pas cette recrudescence des sectes? L'attitude des théologiens, des confesseurs et des prédicateurs a contribué à la désagrégation des consciences en jetant la peur de l'enfer dans l'âme de plusieurs. Il s'agit d'écouter nos personnes âgées pour comprendre comment nos églises, avec leur Dieu monstre, colérique et vindicatif, ont plus fait pour accroître le nombre de nos marginaux religieux et anticléricaux que nos libres penseurs. Quand on a une telle crainte de Dieu, on ne saurait croire à son Amour et à sa miséricorde!

Ce qu'on aurait aisément obtenu par l'Amour, on a préféré l'arracher par la peur terrible du péché, de l'enfer et de la damnation éternelle! En travaillant avec des gens psychiatrisés, je prends conscience comment notre pastorale de la peur a peuplé nos institutions de névrosés, pour ne pas dire de demi-fous. Jean Delumeau, dans son livre de 741 pages intitulé *Le péché et la peur*, nous donne un bref résumé de la pastorale de la peur qui a laissé trop de traces malheureuses chez les gens de ma génération.

L'amour, non la peur

Parfois, on utilise la peur au lieu de l'amour pour obtenir plus rapidement ce que l'on désire. La peur est un terrible médicament à double tranchant. Elle blesse autant celui qui l'utilise que celui qui en est victime. Se servir de la peur pour assujettir les gens, c'est en même temps, sans trop le savoir, devenir son esclave! Les plus grands dictateurs, comme Saddam Hussein, ont toujours tremblé de peur. Que ce soit dans les prisons, les pays totalitaires, les services policiers, les administrations et même dans certaines cultures religieuses, la peur fut un instrument de soumission et parfois une médecine qui ont rendu un très mauvais service à l'Évangile de Jésus-Christ.

«Le nouveau nom pour le développement, disait Paul VI, c'est la Paix!» Pour le Pape, la paix dans le monde ne peut s'asseoir que sur la paix individuelle, intérieure et collective.

C'est seulement si l'individu échappe à la peur qu'il récoltera la paix. Tant que l'humanité sera en proie à la peur, elle ne connaîtra pas la paix. Si seulement 10% de la population se soustrayait à la peur, elle serait en mesure de donner la paix à son pays. Ce 10% de la population formerait une élite en mesure de conduire efficacement les autres et de les influencer à vivre sans peur et sans faire peur aux autres. Pour être sans peur, il faut être sans reproche; par conséquent, on doit s'astreindre à une discipline de vie qui élimine la peur et conduit à la liberté de conscience. Seuls les gens sans peur peuvent être libres. Un homme terrorisé n'est pas libre. Celui-ci n'est pas libre parce que ses pensées et ses actes sont conditionnés par la peur. N'étant pas libre, cet individu devient une sorte de marionnette soumise au pouvoir des tyrans. Nous devons former des hommes et des femmes sans peur. Le fait d'être sans peur fortifie les autres.

La peur n'a pas suffi aux communistes pour dominer leurs peuples: «La force des mystiques fut plus grande.» Ces soixante-dix années de domination communiste furent une époque de grande peur.

Cet ancien système social basé sur la peur est en train de mourir. En certains endroits, l'agonie se fait encore trop longue. Pensons à la République d'Haïti. Les guerres localisées, depuis la dernière guerre mondiale, éclatent partout, laissant d'innombrables victimes angoissées par la peur.

Une paix impossible

Toutes les sciences médicales et pharmaceutiques peuvent soulager la peine du corps, mais la détresse des cœurs a été accrue. La paix intérieure est devenue impossible dans cette ère où tout est perçu sous l'angle de la consommation! On s'est laissé emporter par la vitesse, l'efficacité et le rythme des machines et de l'électronique! L'humain, créé pour une cadence à la mesure de son cœur, s'adapte mal à la vitesse qui l'asservit. Les hommes n'ont plus le temps de vivre. C'est la loi du plus fort. Les plus faibles ont peur et sont paralysés par leur angoisse et leur sentiment d'inaptitude et d'inutilité. «La paix a besoin de calme et de repos pour fleurir.» Comme il n'y a plus de tranquillité, il n'y a plus de paix.

Jadis, c'était le sort des citadins. Aujourd'hui, le plus petit village, même le plus reculé, est envahi par les réseaux satellites, les télécommunications et Internet. On rencontrait les consommateurs de drogues sur les trottoirs des grandes villes. Maintenant, l'usage des calmants et des drogues s'est généralisé dans les populations éloignées des centres, lesquelles n'ont plus la force de supporter le stress et la peur du lendemain. La plus grande des maladies est la peur. Enlevez la peur et le commerce des pilules fera faillite.

La peur déforme tout et fait oublier que notre corps est la plus parfaite des machines et il possède tout ce qu'il lui faut pour ne pas être malade; si, d'ores et déjà, cela arrive, son métabolisme recèle tout ce dont il a besoin pour guérir. Si on versait dans les rouages du corps humain l'huile de la paix et non celle de la peur, tout se réparerait, se redresserait, et les pannes se corrigeraient d'elles-mêmes. Si chaque membre d'une même famille, d'une même communauté humaine, chassait la peur hors de ses murs, celle de son entourage, celle de ses mauvaises conversations, pour faire place à la prière ou à la méditation, un climat de paix prendrait racine. C'est en luttant d'abord contre ses doutes et ses craintes qu'on arrive à poser les bases d'une paix durable.

Trop de gens sont attentifs à la propreté du corps et par ailleurs négligent le nettoyage le plus fondamental qui est celui de l'âme ou de leur intérieur. L'intégrité de la conscience prime sur celle du corps: «Que sert à l'homme de gagner l'univers, s'il perd son âme», disait Jésus de Nazareth.

La peur de soi

Rien de pire que la peur de soi-même. Celle-ci empêche les hommes et les femmes de se regarder, c'est-à-dire de se confronter intérieurement. On préfère une vie superficielle pleine d'excitation, d'étourdissement, au lieu de prendre du temps pour faire son examen de conscience quotidiennement. Les peureux appréhendent en eux une présence qui pourrait juger leurs actes pervers. Pour éliminer la peur, recherchez donc la compagnie de vous-même, car au fond, vous n'êtes pas aussi méchant que vous le pensez, mais vous êtes plutôt bien meilleur que vous le croyez.

Si vous avez peur de regarder votre conscience intérieure, commencez par faire un premier pas. Le premier pas est toujours le plus difficile. Ce premier pas consiste à nous asseoir quelques minutes par jour afin de demander l'aide de Dieu. Le deuxième pas est aussi simple : il s'agit de reconnaître que Dieu nous aime tel que nous sommes. Il n'en faut pas plus pour se familiariser avec son moi intérieur et allumer la lampe de la confiance et de la foi. Une fois habitué aux sous-sols de votre âme, vous prendrez l'habitude de ces visites intimes et, un bon jour, vous cesserez de vous considérer comme un adversaire, et votre sentiment d'être isolé disparaîtra. Alors, une première bataille sera gagnée. Vous pouvez perdre une bataille, mais jamais la guerre à la peur. Tant qu'une personne est en proie à la peur, aucune amélioration de son état ne sera possible, parce que son fondement est assis sur le sable mouvant, c'est-à-dire la peur. Multiplions donc les prêtres, les pasteurs, les médecins, les psychologues et les psychiatres sans peur. Par le seul fait d'être sans peur, tous ces thérapeutes seront aptes à fortifier les autres et ainsi nous aurons une future génération d'hommes et de femmes pacifiques et artisans de paix.

Les frontières d'un nouvel ordre social

Un ordre social nouveau est en train de naître. L'état social moribond issu du communisme, du totalitarisme et du christianisme de peur se meurt. Cette lutte à finir est engagée. D'ici là, nous devons accepter les antagonismes et les déséquilibres qu'elle cause. En regardant cet ordre social en phase terminale, nous grelottons d'insécurité. Soyons fermes. La victoire est à nous, car nous ne sommes pas seuls. N'oublions pas ce que nous a dit Jésus : « Je suis avec vous tous les jours jusqu'à la fin des temps. » Tout ce que la paix touche devient contagieux. Alors, semons la paix.

Faire confiance à la nature

L'univers constitue un système cohérent. La course des astres dans le ciel comporte un minimum d'accidents. Ces milliards et milliards de mondes s'équilibrent sans pilules et sans armées. En vertu des seules lois naturelles, tout s'arrange seul, sans doute parce que les astres sont sans peur. Notre corps physique est la plus merveilleuse des étoiles. Il est le chef-d'œuvre de la création. Il corrige ses pannes automatiquement quand la peur n'est pas là pour court-circuiter son harmonie. Aussitôt que vous versez dans les rouages humains l'huile de la peur, vous voyez apparaître la maladie. Le seul remède au cancer de la peur, c'est la foi, la foi en cette créature issue de la grâce.

Nos cliniques de la peur

Du temps de mon enfance, rien ne me faisait plus peur que le confessionnal et la rencontre du curé au bureau du presbytère. Ensuite, il y avait le poste de police et l'hôpital. Je ne mentionnerai ni les arracheurs de dents ni les prédicateurs de retraites paroissiales. Et voilà par où péchaient nos responsables des institutions et nos communautés sociales : le contrôle par la peur.

On construit à grand renfort d'argent des hôpitaux, des écoles et des prisons magnifiques dont le décor, l'appareillage et le personnel revêtent un aspect de froideur qui glace l'âme. Songeons au contraire à ce que seraient nos maisons religieuses, de santé ou d'éducation où tout serait disposé pour l'accueil, le respect de l'individu et de son agenda émotif. On y rencontrerait de beaux sourires, du réconfort et de la chaleur humaine.

Faire le voyage intérieur

Il est facile de faire le tour du monde. Il suffit d'avoir un peu d'argent. Mais combien difficile et ardu est le chemin qui mène à l'intérieur de soi-même. Le temps est venu de rechercher sa propre compagnie, c'est-à-dire la société de soi-même; apprendre à être bien avec soi. Entrer en soi, c'est prendre le chemin de la prière ou de la méditation. En priant, on arrête le film des préoccupations habituelles qui conduisent à la peur. En méditant, on amorce une sorte de retraite intérieure. Si vous avez peur de rejoindre votre for intérieur, donnez la main à votre adulte et descendez les marches une à une. Ne vous précipitez pas, car la précipitation est ennemie de la paix. Plutôt, allumez la lampe de la confiance et de la foi. Si la peur persiste, allez voir l'Hôte Divin, rencontrez aussi les maîtres spirituels que sont les moines, les contemplatives, les personnes âgées remplies d'espérance et certains prêtres que vous connaissez. À partir de ce moment, vous n'aurez plus le sentiment d'être seul. Peu à peu, vous vous familiariserez avec les profondeurs de votre âme et prendrez l'habitude de ces visites intimes avec les parties élevées de votre être. Tout comme pour la maladie, le véritable guérisseur est en nous.

Le reflet de mon intérieur

Ma vie extérieure est le reflet de mon intérieur. Si je suis harmonieux intérieurement, les événements extérieurs à moi le seront aussi. Il arrive extérieurement à l'être humain ce qui lui ressemble intérieurement. Cherchez d'abord l'équilibre spirituel et votre situation aura la même stabilité. Si vous êtes sécure en vous-même, votre situation le sera aussi. Êtes-vous instable en émotions et en esprit?

Ressentir est bien

Ressentir des émotions saines est une expérience positive. Il n'y a rien de mal à propos de nos émotions, pourvu qu'elles soient exprimées d'une manière saine, non d'une manière abusive. Nos émotions ont un rôle à jouer dans notre vie.

La colère nous donne la force de prendre soin de nous. La colère bien gérée nous permet de nous affirmer. La colère malsaine est nuisible, non la colère saine.

La peur nous aide à nous protéger. Elle nous alerte des dangers. La peur saine nous empêche de nous embarquer dans des situations malsaines.

La souffrance nous motive à cheminer vers la maturité. Nos vies sont remplies de souffrance. La douleur est le lot des humains. Certaines personnes refoulent leur douleur, l'endorment par l'alcool, la nicotine, le jeu, l'agitation, la dépendance au travail, la religion, *etc.*

La culpabilité est un système d'alarme sain qui nous avertit que nous avons transgressé une valeur importante.

La honte saine nous apporte un sentiment d'humilité qui nous dit que nous ne sommes pas parfaits, que nous ne sommes pas Dieu.

Une honte saine nous rappelle que nous sommes faillibles. Elle indique à notre conscience que nous avons commis une erreur et elle nous aide à corriger nos faiblesses.

Mais la honte peut être très malsaine aussi.

Notre société divise nos émotions en deux catégories: les bonnes et les mauvaises. Les émotions ne sont ni bonnes ni mauvaises; elles sont douloureuses ou agréables.

La honte est une émotion comme la joie, la douleur, la culpabilité, mais elle est spéciale parce qu'elle affecte notre sens des valeurs. Elle est donc une émotion qui influence ce que nous sommes. La honte est plus puissante que la colère.

La culpabilité se manifeste par une sensation désagréable au niveau de l'abdomen, accompagnée d'un sentiment d'avoir fait quelque chose de mal. Quand on n'a plus de honte à faire le mal, on abuse des autres.

Les éducateurs, les parents abusifs peuvent se servir de la honte pour écraser l'être inférieur.

Il ne faut jamais oublier ceci: nos émotions sont générées par notre façon de penser. À cause de la honte, de notre manière faussée de penser, nous vivons beaucoup de douleur et de confusion, d'isolement et de solitude.

Voici quelques directives qui vous aideront à mettre de l'ordre dans vos émotions:

1. Révisez les seize premières années de votre vie sur le plan émotionnel.
2. À chaque étape de votre passé, identifiez les actes humiliants subis en identifiant aussi les responsables et votre émotion douloureuse: parents, tuteurs, voisins, beaux-parents, grands-parents, gardiens, religieux, éducateurs.
3. Quand et qui a abusé de vous? Il est important de ne pas chercher à savoir si la personne abusive vous voulait du mal ou pas. Ce n'est pas l'intention que vous identifiez mais les responsables qui sont à l'origine de ces émotions douloureuses. Tenez vos abuseurs responsables, mais ne les blâmez pas. Il est important de reconnaître ce qui est arrivé afin de briser le silence qui vous étouffe.
4. Évitez de comparer votre histoire à une autre. Évitez de vous culpabiliser.
5. Surveillez les défenses ou les négations qui empêchent de reconnaître l'abus. Le mécanisme de défense est très fort. Se défendre, c'est refouler à l'intérieur de soi. Le refoulement est une répression pénible. La minimisation n'est pas mieux. (N.B. La vérité vous rendra libre.)

6. En se souvenant d'un passé douloureux, on se libère. Les souvenirs émotionnels refont surface sous quatre formes : la colère, la peur, le chagrin et la honte.
7. La dénégation, la minimisation, le refoulement, la répression sont très actifs chez les personnes ayant de fortes doses d'émotions douloureuses.
8. Toute forme d'abus (physique, sexuel, émotionnel, spirituel) est à la source de vos émotions douloureuses.

Conseils aux accompagnateurs

Micheline, secrétaire et aidante, après avoir dactylographié mon texte, s'écria: «Ma culpabilité et mes peurs m'accablent plus que je ne le pensais.» «Moi aussi d'ailleurs», lui répondis-je.

Il y a quelques principes à suivre pour éviter le piège de la culpabilité et de l'épuisement quand on établit une relation d'aide.

Pas nécessaire d'être psychologue ou médecin pour être un aidant valable. Le parent, la gardienne d'enfants, l'infirmière, le professeur, la coiffeuse, le prêtre, le dentiste, la téléphoniste, ce sont tous des aidants.

Un des premiers principes à observer sera de se souvenir qu'il n'est pas nécessaire d'être parfait pour devenir un conseiller efficace.

Le meilleur est souvent l'ennemi du bien. Il est bon aussi de se rappeler que les faiblesses et les erreurs sont une source précieuse de savoir pour l'accompagnateur.

Personnellement, je n'écoute pas suffisamment mes interlocuteurs. J'ai cette fâcheuse habitude d'interrompre à tout moment.

Un autre principe important est celui-ci: le changement est très lent. Nous répétons nos bêtises même après en avoir pris conscience. Le jour où j'ai reconnu mon impulsivité, ne croyez pas qu'elle s'est évanouie; il m'a fallu bien du travail sur moi-même avant de la voir diminuer.

Je me souviens, j'avais alors dix ans, de mon père alcoolique qui promettait de ne plus toucher à l'alcool. Pour prouver à ma mère sa détermination, il se rendit chez Monsieur le curé pour signer un certificat de tempérance. N'empêche que sa décision ne se concrétisa que quatre années plus tard, à la suite d'une retraite fermée prêchée par le père Louis, capucin. Entre sa conversion et sa première confession, l'écrivain Paul Claudel dut attendre quatre ans. L'aidant devra toujours se souvenir de cette étape normale de transition dans tout changement profond.

Quand vous accueillez une personne, vous n'êtes pas toujours au sommet de votre réceptivité ou de votre émotivité. Il arrivera que vous soyez autant démoralisé que votre client. Cependant, si vous croyez à la grâce, elle passera. Si vous avez la prière comme compagne, vous serez un aidant efficace. Le Dr Alexis Carrel, Prix Nobel de médecine, écrivait dans Prière: «L'influence de la prière sur l'esprit et le corps humain est aussi aisément démontrable que la sécrétion des glandes. L'homme a besoin de Dieu comme il a besoin d'eau et d'oxygène.»

✯

Je termine cette partie du livre par un texte d'un auteur anonyme, donné par un membre EADA.

Règles d'or pour demeurer un aidant efficace sans se brûler

1. J'aurai pour toi le plus grand respect. La personne avant toute chose.
2. Je t'aiderai à en sortir et à grandir selon ta propre définition de la croissance.
3. Je t'aiderai à devenir plus autonome, plus aimant de ta personne et plus libre pour que tu te prennes en main, de ta propre autorité.
4. Je ne peux te donner ni la croissance, ni tout arranger pour toi, ni grandir pour toi.
5. Tu dois grandir par toi-même en faisant pour toi ce que toi seul peux faire. Je peux te donner un morceau de pain, mais pas le digérer pour toi.
6. Je ne peux t'enlever ta souffrance ni te dire ce qui est mieux pour toi, car toi seul sais ce qu'il te faut pour meubler ton paysage intérieur.
7. Je ne peux pas choisir pour toi ton univers ni m'approcher de toi quand tu choisis de ne pas grandir.
8. Je veux demeurer avec toi, te connaître, te servir de soutien et t'indiquer le point de départ et le point d'arrivée sur ta carte géographique, mais sans voyager pour toi.
9. Quand je commence à t'aimer par compassion et à perdre confiance en toi, alors je suis devenu un obstacle à ta croissance.
10. Je serai avec toi, je tiendrai bon auprès de toi tant et aussi longtemps que je sentirai que tu fais encore des efforts pour croître.
11. Tu devrais savoir que mon aide est conditionnelle à ta motivation et à ton honnêteté avec toi-même.

12. Advenant que tu puisses accepter toutes ces conditions, je prie Dieu de mettre sur ta route quelqu'un capable de t'indiquer le chemin qui te mènera à l'épanouissement.

☆

Lâcher prise, c'est devenir libre !

Tous, nous avons été élevés pour prendre les autres en charge, pour devenir «sauveurs» ou «dépanneurs».

Nous nous sentons responsables de tout et de rien. Nous voudrions donc sauver tout le monde! Sauveurs et/ou dépanneurs sont en soi de très belles qualités, à n'en pas douter; mais elles sont surtout applicables aux anges et aux saints. Nous, la faiblesse nous guette et, la perfection n'étant pas de ce monde, nous demeurons faillibles et perfectibles. Être «sauveur» et/ou «dépanneur», vécu en petite quantité et avec discernement, s'avère souvent être un gros atout.

Or, le problème survient lorsque nous oublions cette maxime: «Aime ton prochain comme toi-même.» C'est quand on cesse de nous aimer nous-mêmes que voilà le tragique (ou quand on croit qu'on ne nous aime plus). Cesser d'aimer signifie, en nombre de cas, chercher à contrôler l'autre; c'est-à-dire que l'on devrait assez aimer pour laisser vivre l'autre avec lui-même, avec ses défauts, ses qualités, son cheminement, *etc.* Autrement, nous aimons trop ou mal, tenant ainsi l'autre sous notre emprise, et c'est nous-mêmes à ce moment-là que nous aimons le plus. Une amie me disait: «Quand je ne sais plus aimer, je contrôle. Je contrôle à la mesure de mon incapacité à aimer. Si je contrôle, je ne lâche pas prise.» Une amie, psychologue, s'inspire de cette phrase: «Lâche prise et laisse Dieu agir. *Let go and let God.*

Trop souvent, on confond amour et contrôle. Plutôt que de guider et aider avec les meilleures intentions du monde, on contrôle la vie de nos proches. Cela signifie stress et tension dans nos relations. Tout devient douceur quand je lâche prise et que je laisse Dieu agir.

Lâcher prise ne signifie pas cesser d'aider les autres. Lâcher prise, dans ce sens, c'est discerner quoi faire et comment le faire, tout en respectant la volonté de l'aidé. Lâcher prise, c'est ne pas imposer, c'est aimer tout simplement.

Celui qui ne lâche pas prise en voulant aider les autres se sent frustré, inquiet et trouve que les aidés ne sont pas reconnaissants.

J'ai connu cette merveilleuse femme qui s'inquiétait et qui désirait aider de tout cœur son enfant. Cependant, son aide était mal orientée. Plutôt que d'aider, elle creusait un fossé entre elle et sa fille. Cette femme avait besoin de lâcher prise. Elle confondait amour et contrôle. Elle avait besoin de confier à Dieu les soucis qu'elle se faisait pour sa fille. Cette mère était en train de perdre ce qu'elle cherchait.

Lâcher prise n'est pas synonyme de passivité. Lâcher prise, c'est reconnaître qu'une Puissance peut résoudre le problème. Lâcher prise, c'est s'en remettre à cette Puissance supérieure, tout en continuant à aimer.

Lâcher prise, c'est écouter plus que parler.

Lâcher prise, c'est aimer plus que contrôler.

Lâcher prise, c'est faire confiance plus que désespérer.

Lâcher prise, c'est donner sans attendre en retour.

Lâcher prise, c'est respecter l'autre et non lui imposer sa volonté.

Lâcher prise, c'est se confier à Dieu et lui faire confiance.

Lâcher prise n'est pas chose facile; c'est un apprentissage de longue durée.

Lâcher prise, c'est surmonter sa colère, sa frustration et sa culpabilité.

Lâcher prise, c'est un acte courageux et non un signe de faiblesse.

Lâcher prise n'est pas une attitude apprise une fois pour toutes.

L'incapacité à lâcher prise est à la mesure de l'orgueil qui habite le sujet concerné.

Si tous vos essais de lâcher prise ont été un échec, essayez le jeûne et la prière. Lâcher prise et laisser faire Dieu demande de la patience. Nous avons tous des êtres chers qui souffrent de maux ou de peines que seul un Dieu peut apaiser.

Nous avons des parents âgés et souffrants, un conjoint dépendant de l'alcool ou de la drogue, des enfants déterminés à n'en faire qu'à leur tête; un frère, une sœur ou un père qui refuse toute communication; un proche ayant un handicap physique ou mental. Qui n'a pas une blessure à guérir?

Il nous semble parfois que la douleur est interminable.

Lâcher prise et laisser agir Dieu est un outil spirituel des plus efficaces.

Plus on est spirituel, plus on lâche prise facilement.

Lâcher prise conduit à la paix

Être en paix avec soi-même est le but poursuivi à travers tout processus de cheminement sain de la personne humaine. Ce processus vise à opérer la libération de l'adulte et à rétablir les frontières avec soi et aussi avec les autres. Ce cheminement vise la libération de plusieurs dynamismes de la personne, notamment la conscience, la spontanéité et l'intimité. Cette libération s'exprime dans et par l'accession à l'autonomie personnelle.

La personne saine, en paix avec elle-même, se donne la capacité de voir, d'entendre, de toucher, de sentir et de goûter selon sa manière à elle et non selon la manière apprise, non plus à partir des *Qu'est-ce qu'on va penser?* Son esprit et son corps répondent à l'unisson dans le ici et maintenant, en harmonie avec la réalité.

La personne qui connaît la paix est consciente de ses sentiments et sait ce qui se passe maintenant. Elle écoute les messages de son être, elle sait où elle se situe, elle reçoit les événements et établit les frontières entre elle, les autres et ces événements.

La conscience est une puissance de l'adulte. C'est là où celui-ci fait des choix et décide. Cette puissance le rend également capable de se rendre attentif à la réalité extérieure et suppose une grande intensité dans le moment présent, c'est-à-dire dans la quotidienneté de la vie. Cela implique la conscience de son histoire, de son passé, et la volonté de ne pas répéter impulsivement les choses comme elles se sont passées.

En plus de se donner la liberté de choisir et d'exprimer ses propres sentiments, la personne de paix se donne la capacité de choisir ses sentiments et ses comportements.

La spontanéité implique d'abord l'acceptation de son **enfant** et de son **parent**, de son histoire personnelle, tout cela s'exprimant par des décisions claires. L'être spontané vit des sentiments vrais en rapport avec la réalité présente et non avec le passé; il fait des choses nouvelles à partir de son être et en rapport avec la réalité. Ainsi, la personne de paix se donne la capacité de changer avec la situation réelle et présente; elle est ouverte, authentique avec elle-même et les autres, et elle ne craint pas sa transparence. En elle, son enfant a le droit de vivre en liberté et elle l'aime, ce qui la rend unique et pacifique.

La personne de paix s'accepte et s'aime, se donne la permission de vivre, de risquer, de faire des erreurs et de faire des choses nouvelles. En un mot, elle est sa meilleure amie et se traite ainsi. Vivant en paix, elle fait l'expérience des moments de tendresse, de chaleur et de souci pour les autres, ce qui lui permet d'accéder à la joie et à l'intimité.

La personne de paix est autonome et consciente qu'elle n'est jamais achevée. N'étant jamais arrivée au but visé, elle a le loisir de faire constamment de nouveaux choix, souvent dans la lutte. Dire adieu à des formes familières et routinières de vie requiert une grande capacité de «vie nouvelle» de sa part.

Savoir se recréer, vivre en paix avec soi et pouvoir dire «Je suis bien dans ma peau et au contact de la peau des autres» n'est pas le fruit d'une transformation spontanée. C'est plutôt le résultat d'un travail assidu et continu dans la recherche de sa propre réalisation, la réalisation d'une personne en paix avec elle-même se transformant en **artisan de la paix**.

Processus de pacification

L'objectif de tout croyant de vivre en présence de Dieu vient premier dans l'intention, mais arrive dernier dans la réalisation. Quand je pense aller à Rome, cela ne signifie pas que j'y suis arrivé. Pour m'y rendre, je dois prendre les moyens nécessaires. «Qui veut la fin prend les moyens.» Si je désire vivre en présence de Dieu, je prends les moyens pour y arriver en éliminant les obstacles sur ma route.

Une des premières conditions pour vivre en **présence de Dieu** est la **disponibilité**. Il existe deux obstacles à la présence de Dieu: la **critique négative** et la **plainte inutile**.

La critique négative est une distraction vis-à-vis des autres, alors que la plainte inutile est une distraction vis-à-vis de soi-même. La critique et la plainte démontrent mon indisponibilité à l'accueil de Dieu. Un être critique ne sait pas tenir compte des autres, il est incapable d'être disponible.

Si je me plains, je ne suis pas à l'écoute de moi-même, donc incapable d'accueillir l'autre. Si je veux être disponible, je dois me libérer, et de mon **petit moi** et des **autres**. Si je suis mal à l'aise avec moi-même et avec les autres, je ne suis pas un être disponible.

Pour accueillir Dieu, je dois donc me libérer de la critique négative et de la plainte inutile; ce faisant, je me rends accueillant et Sa présence me transforme. La paix intérieure vient de la présence de Dieu. La paix, c'est la cloche qui m'annonce que Dieu est présent en moi (Ga 5, 22). Une fois en possession de cette paix, le processus d'unification se déclenche et je peux espérer devenir véritablement un **artisan de la paix** pour ceux qui m'entourent.

Chaque homme est artisan de sa propre paix. Cette façon de vivre est donnée à ceux et celles qui savent agir selon les lois de la nature et de Dieu. Comme le bonheur, elle est d'abord la conscience qu'on en a et le résultat des qualités positives trouvées en soi et chez les autres. La paix, c'est surtout l'œuvre de Dieu, car il est Amour, Paix et Joie.

✯

CONCLUSION

Je suis le premier responsable de mon bonheur, tout comme je suis l'auteur de mon malheur. La première attitude à prendre pour atteindre le bonheur consiste à ne rien attendre de l'extérieur et à faire soi-même le premier pas vers les autres. Celui qui attend après les autres sera déçu, car généralement, ceux-ci sont préoccupés par leurs propres problèmes. Si vous attendez toujours, vous serez triste : les gens ont pris l'habitude de réclamer des autres et d'attendre que ceux-ci fassent les premiers pas. Personne n'est obligé de satisfaire vos désirs et/ou vos caprices. « Ce que vous voulez que les autres fassent pour vous, faites-le vous-mêmes. »

Ni les autres ni les biens extérieurs ne peuvent faire votre bonheur. Tant et aussi longtemps que le bonheur que vous cherchez est lié aux autres et à la possession des biens extérieurs, vous ne serez jamais heureux. Si votre bonheur ne dépend d'aucun objet, d'aucune possession, il vient d'en haut et vous découvrez en vous-même, dans votre moi profond, votre source. Alors, vous vous réjouissez et vous ne savez même pas pourquoi vous êtes heureux. Voilà le vrai bonheur !

Peu importe ce que disent et pensent les autres à votre sujet. Ce qui compte, c'est ce que, vous, vous pensez et dites à votre sujet. Ce qui vous rend fort et vous fait grandir, c'est de réaliser ce qui monte en vous, ce qui aspire à vivre au fond de votre conscience.

Je suis moi. Les autres sont les autres. Je m'occupe de moi et je laisse les autres s'occuper d'eux-mêmes. Je laisse les problèmes à l'extérieur de moi. Si je décide de m'occuper des autres, je le fais par goût et par plaisir, et je n'attends aucune récompense ou reconnaissance pour les services rendus. Je tire mon plaisir et ma récompense du simple fait de rendre service. Celui-ci devient ma propre satisfaction.

Je ne suis pas en ce monde pour répondre aux attentes des autres. Les autres ne sont pas en ce monde pour répondre à mes attentes. Je n'ai aucun droit sur les intentions, les gestes et les désirs des autres et vice-versa. Cela vaut aussi bien pour mes parents que pour mes enfants. Je peux prendre la responsabilité d'aimer les autres, mais je n'ai pas le droit d'exiger l'amour des autres pour ce que je suis ou ce que je fais, fussent-ils mes enfants ou mes débiteurs. Je peux mériter l'amour du prochain. Je n'exige pas l'amour des autres, je le mérite.

De mon attitude dépend la qualité de mes sentiments. J'ai de bons ou de mauvais sentiments selon ma façon de voir la réalité. Si mon attitude est vraie, je me sens bien en tout temps, en tout lieu et avec tout le monde. Si j'ai une fausse attitude, je me sens mal en tout temps, en tout lieu et avec tout le monde.

Grâce à la qualité de ma vie intérieure, je construis le monde dans lequel je vis. Avec mon attitude intérieure, je décide inconsciemment ou non des conditions, bonnes ou mauvaises, dans lesquelles je vivrai intérieurement. « Vous, les Pharisiens, c'est l'extérieur de la coupe et du plat que vous purifiez, mais votre intérieur est rempli de rapacité et de méchanceté. Insensés !... Donnez plutôt en aumône ce qui est dedans, et alors tout sera pur pour vous » (Lc 11, 39-41).

Suis-je mon meilleur ami ? Si je me traite bien, alors je traiterai les autres de la même façon. « Tu aimeras ton prochain comme toi-même » (Lc 19, 18). La mesure de l'amour que tu as pour ton prochain est identique à celle que tu as pour toi.

«Comment pourriez-vous dire (faire) de bonnes choses, alors que vous êtes mauvais» (Mt 12, 34). Si je ne peux voir et goûter la vérité qui est en moi, comment pourrais-je voir et goûter la vérité qui est chez les autres? Si je ne suis pas bien dans ma peau, comment être bien avec les autres. Si je n'ai pas encore appris à me traiter comme un être humain merveilleux, comment pourrais-je agir ainsi avec les autres. L'être humain voit chez les autres ce qu'il porte en lui. Il arrive à l'homme ce qui lui ressemble.

Je me dois d'agir selon les élans de mon cœur, non d'après les attentes des autres. Quoi que je dise, quoi que je fasse, il y aura toujours des gens à qui je ne plairai jamais. Alors, j'occupe mon propre territoire sans écraser ceux qui m'entourent. En respectant mon territoire physique, psychologique, social et spirituel, il y a de fortes chances que je respecte celui des autres.

Je suis libre. Les autres aussi sont libres. Quand je fais quelque chose, je le fais dans le respect de ma propre liberté et de celle des autres.

J'agis par goût et par plaisir en répondant à ce qui monte en moi et qui vient d'en haut. «Aime ton prochain comme toi-même.» « Tout ce que tu désires que les autres fassent pour toi, fais-le toi-même.»

Vivez, laissez vivre et profitez-en !

✯

Achevé d'imprimer
sur les presses de
Imprimerie H.L.N.
Imprimé au Canada - Printed in Canada